Angela Köckritz
Freude

Angela Köckritz

FREUDE

ÜBER DIE ENTDECKUNG
DER LEICHTIGKEIT

BERLIN VERLAG

Mehr über unsere Autorinnen, Autoren und Bücher:
www.berlinverlag.de

Inhalte fremder Webseiten, auf die in diesem Buch (etwa durch Links) hingewiesen wird, macht sich der Verlag nicht zu eigen. Eine Haftung dafür übernimmt der Verlag nicht.

Unser Versprechen für mehr Nachhaltigkeit
Klimaneutrales Produkt
FSC®-zertifiziertes Papier
Hergestellt in Deutschland

FSC
www.fsc.org
MIX
Papier aus verantwortungsvollen Quellen
FSC® C014496

ISBN 978-3-8270-1451-1

Einbandgestaltung: zero-media.net, München
Einbandabbildung: FinePic®, München
Autorinnenfoto: Stefanie Schweiger
Satz: psb, Berlin
Gesetzt aus der Perpetua
Druck und Bindung: GGP Media GmbH, Pößneck
Printed in Germany

Inhalt

Prolog

Dieses Buch entstand aus einer Laune heraus. Ich saß nachts am Atlantik, die anderen schliefen schon. Lauschte dem Rauschen der Wellen, der Gewalt, mit der sie an die Klippe unter dem Haus brandeten. Schaute aufs Meer, einer schier endlos wogenden Fläche, über die der Mond silbriges Licht goss. Die Flut hatte den Strand verschluckt, ein Stromausfall die Lichter des Dorfs gelöscht. Kein Fischerboot war auf See auszumachen, kein Wanderer an der Küste. Da waren nur noch Meer und Nacht, Nacht und Meer. Der Geruch nach Salz, Frische und Algen und ein ozeanisches Gefühl, das sich in mir ausbreitete.

Ich begann zu schreiben. Über die Freude. Je länger ich schrieb, desto mehr Freuden fielen mir ein. Es war, als hätte ich Perlen in einer alten Kiste gefunden. Ich betrachtete sie, polierte sie und zog sie auf eine Kette. Und wie sie da hingen, schimmerte jede von ihnen auf ihre eigene Weise. Abend für Abend setzte ich mich nun hin, um über dieses Gefühl zu schreiben – ohne darüber nachzudenken, wo das alles hinführen sollte, einfach weil es mir Freude bereitete.

Fingerübungen. Variationen eines Themas. Eine Spielerei.

Mal waren es kleine Beobachtungen, mal führte ein Thema mich zu Kulturgeschichte, Neurologie, Gastronomie oder Anthropologie. Ich fand nahe und ferne Freuden, denn ich verbrachte einen Teil meines Erwachsenenlebens in Ostasien und Westafrika. Dort fielen mir Freuden auf, die mir vorher unbekannt gewesen waren und die ich hier zu erkunden versuche.

Beim Schreiben merkte ich, dass ich mich viel öfter freute, als ich gedacht hatte. Ja, selbst an einem Tag, den ich früher als freudlos abgetan hätte, weil er verhältnismäßig langweilig, kalt und regnerisch war, musste ich feststellen, dass ich mich mehrmals über irgendetwas Kleines gefreut hatte. Auch hörte ich mehr darauf, was anderen Vergnügen bereitete. Über Freude zu schreiben, ist ein wenig so, als achte man auf einen kleinen Vogel. Einen Spatz. Zuvor übersah man ihn oft. Er fiel nicht so auf – außer er pickte einem gerade im Café das Croissant vom Teller –, plötzlich aber bemerkt man ihn allerorten. Er fliegt um eine Ecke, wartet unterm Tisch darauf, dass ein Krümel herunterfällt, hüpft hinter einem Blumentopf hervor. Hartnäckig zwitschert er sich mit seinem dünnen Stimmchen durch den Tag. Man muss ihm nur zuhören.

Natürlich gibt es unendlich viel mehr Freuden als jene, die in diesem Buch vorkommen. Jeder oder jede mag sich die seinen oder ihren dazudenken. Dies ist keine Enzyklopädie. Vielmehr möchte ich mich absichtslos wandernd, vagabundierend und streunend auf eine Reise begeben – ins Land der Freude.

Die Zugbekanntschaft

Er steigt in mein Abteil, eines dieser kleinen Sechssitzerabteile, die mehr an Orientexpress als an ICE erinnern. Und schon die Art, wie er seinen Seidenschal um den Hals drapiert hatte, verrät mir, dass es interessant werden könnte. Mir scheint, als lernten Männer auf Regieschulen oder Kunstakademien die hohe Kunst des Schal-Legens. Manche Männer tragen ihren Schal, als hätte ihnen Mutti den morgens um den Hals gelegt. Andere, als wären sie eine halsbandbewehrte Katze. Wieder andere wirken, als würden sie soeben von einer Boa constrictor erdrosselt.

Und dann gibt es Männer, die ihren Schal so verwegen um den Hals tragen, als hätte der Wind ihn ihnen um den Hals gelegt, als sie gerade eine Truppe Verbündeter zur Revolution führten. Der Schal schmiegt sich derart anstrengungslos und elegant um ihre Schultern, dass dahinter einfach große Kunstfertigkeit stecken muss. So wie bei den Hochsteckfrisuren japanischer Sumoringer, relativ schlicht wirkenden Frisuren, die jedoch von hoch spezialisierten

Friseuren in stundenlanger Feinarbeit erschaffen werden. Ihre Ausbildung dauert zehn Jahre, nur die beiden Besten ihrer Zunft erlangen den Status des Tokuto, denen es vorbehalten ist, die Großmeister des Sumo zu frisieren.

Der Herr, der in das Zugabteil steigt, ist um die sechzig. Die Art, wie er seinen Schal trägt, verrät ihn augenblicklich als Mann von Welt. Kaum eingetreten, eröffnet er das Gespräch im wunderbar singenden Deutsch eines Serben. Er sagt etwas Nettes über meine Hände, bestellt uns beiden, ganz Gentleman der alten Schule, beim Schaffner einen schwarzen Tee und plaudert elegant, während das Norddeutsche Tiefland an uns vorbeizieht.

Viele Jahre lang hat er in Genf bei den Vereinten Nationen gearbeitet, inzwischen ist er in Rente. Um sich die Zeit zu vertreiben, hat er sich eine BahnCard 100 gekauft, die sogenannte Schwarze Mamba, und Kontos bei verschiedenen Online-Dating-Apps eröffnet. Jetzt verabredet er sich mit Frauen in der ganzen Republik. Die Reise führt ihn überall dorthin, wo er eine interessante Frau vermutet. Auf diese Weise habe er nicht nur viele Frauen, sondern auch viele Orte in Deutschland kennengelernt. Gern würde er sich verlieben, erzählte er, doch sei sein Leben auch so in Ordnung, der Weg sei schließlich das Ziel. Am Abend hat er ein Dinnerdate mit einer Dame aus einem Vorort von Hamburg. Ich wünsche ihm beim Aussteigen viel Glück.

Es ist genau das, was ich an Zugbekanntschaften liebe. Man weiß nie, was einen erwartet. In Jahren des Pendelns habe ich gelernt, dass sich der an Zugbekanntschaften interessierte Passagier eher in die kleinen Sechserabteile setzt, als die Anonymität der Großraumabteile zu wählen. Mal traf ich dort einen bezaubernden Emo-Teenager, der eineinhalb Stunden lang versuchte, mir den Zauber von Mittelalterfesten zu vermitteln (mit mäßigem Erfolg). Mal einen italienischen Theaterregisseur und mal ein Kind, das etwa 120 Mal mit seiner Apfelschorle mit mir anstoßen wollte. Mal saß da der marokkanische Surfer und Lebenscoach und mal der wunderschöne dänische Tangolehrer. Einmal fragte mich ein junger Mann, was er seiner neuen Tinderbekanntschaft schreiben solle. Über Stunden versuchte ich mich in seinem Auftrag als Cyrano de Bergerac, ich wüsste gern, was aus den beiden geworden ist.

Das Tolle an Zugbekanntschaften ist, dass sie auf unbedingter Freiwilligkeit beruhen. Man muss ja nicht reden. Man kann jederzeit beschäftigt mit seinen Zeitungen herumkruschen, frenetisch auf seinem Handy herumtippen oder nachdenklich aus dem Fenster schauen, um damit Gesprächsunwilligkeit zu signalisieren. Es gibt keinerlei Verpflichtung zu Verbindlichkeit, das Gespräch läuft exakt so lange, wie es laufen soll: solange alle Beteiligten Freude daran haben. Und falls wirklich mal jemand nerven sollte, wechselt man einfach das Abteil.

Es ist gerade diese Freiheit, die den Reiz des Gesprächs ausmacht. Eine Hommage an den Zufall, der einen mit irgendwelchen Leuten zusammengewürfelt hat. Im Abteil sitzen Menschen, mit denen mich außer der Strecke Hamburg–Berlin wahrscheinlich wenig verbindet, von denen ich aber vielleicht etwas lernen kann. Die mich bisweilen erstaunen, amüsieren und mit denen ich im besten Fall lachen kann.

Wer jahrelang gependelt ist, weiß, wie zehrend das sein kann. Während andere sich im Bett noch mal umdrehen, steht die Pendlerin bereits frühmorgens schlotternd an Haltestellen, kommt abends viel zu spät heim, verpasst Dinner und Geburtstagsfeste und ernährt sich stattdessen von hastig heruntergeschlungener Bahnhofsbäckereikost. In ihren Venen fließt schaler Bahnhofskaffee, der ihr, so hofft sie, dabei helfen könnte, die viel zu langen Tage rumzukriegen. Die Preise im Bordbistro kennt sie auswendig, Geld, das anderswo übrigens sehr viel besser investiert wäre.

Die Zeit, die andere mit ihren Lieben, Hobbys oder Tieren verbringen, verdaddelt sie im Zug. Oft nimmt sie die tausend Mal gefahrene Strecke kaum mehr wahr, wie in Trance trappelt sie von Bahnhof zu Bushaltestelle. Morgens hat man sie an einem Rädchen auf dem Rücken aufgezogen, jetzt marschiert sie blechernd klappernd vor sich hin, vorbei an Haltestellen und gleichgültigen Gesichtern, die auf ihre Bildschirme starren.

Das radikale Gegenprogramm ist, sich auf jede Zugfahrt einzulassen. Immerhin ist es ein Sozialexperiment. Hunderte Menschen, die gemeinsam in einen Zug gepfercht sind, die mit etwaigen Verzögerungen und überfüllten Waggons umgehen müssen. Und vielleicht befindet sich unter ihnen ja jemand Interessantes. Eine Zugbekanntschaft macht die Fahrt selbst für den abgestumpftesten Dauerpendler zu etwas, das eine Reise doch immer sein sollte: ein kleines Abenteuer.

Am See

An einem heißen Sommertag ins Wasser eintauchen. Kühle bricht über dem Kopf zusammen, es riecht nach Algen und Waldweiher. Ein paar Schwimmzüge, und alles wird zeit- und schwerelos. Sich auf den Rücken drehen, treiben lassen. Über mir das Blau des Himmels, von einem Kondensstreifen durchzogen, Baumwipfel bewegen sich im leichten Wind. Er trägt die Geräusche des Sommerlebens am Ufer heran. Johlende Kinder, Beats, zu denen Teenager tanzen, irgendjemand springt mit lautem Klatschen ins Wasser. Blinzele träge hinüber. Sonnenschirme, Handtücher, Familien im Sonntagsstupor.

Schwimme weiter, zur Stille des Schilfs am anderen Uferrand. Dahinter der Wald, tief und dunkel, tausend Augen, die mich sehen und die ich nicht ausmachen kann. Käfer, Vögel, Füchse, Mäuse. Ruhig ist es hier, das Wasser kühl und frisch, der Zufluss des Sees gluckert. Libellen paaren sich im Flug.

Schwimme zurück, ziehe mich aus dem Wasser, balanciere über spitze Steine am Uferrand. Schüttele den Kopf, das Haar, Tropfen, die sich in Zeitlupe ausbreiten, die Haut der Freunde erreichen, dort zerplatzen, Freunde, die sich mit einem Ruf zur Seite drehen. Setze mich, betrachte, wie das Wasser langsam auf der Haut trocknet, sich zu Tropfen zusammenzieht, die sich in der Hitze auflösen, bis nur noch eine Ahnung von Kühle bleibt.

Die Kunst der Begrüßung

Es gab eine Zeit, da war für mich ein »Hallo« nur ein »Hallo«. Der notwendige Anfang eines Gesprächs – etwas, das man Bekannten beim Vorübergehen zurief. Nicht weiter der Rede wert. Ich musste weit wegziehen, nach Dakar, der Hauptstadt des Senegal, das Land am äußersten westlichen Zipfel des afrikanischen Kontinents, um zu begreifen: Eine Begrüßung ist so viel mehr als das. Sie ist eine Kunstform. Eine Einladung. Ein Quell der Freude.

Schon bald nachdem ich meine täglichen Spaziergänge durchs Viertel aufgenommen hatte, begrüßten mich Menschen mit einer Begeisterung, als wäre ich ihre Seelenschwester, die nach Jahren verschollen auf See in ihren Heimatweiler zurückgekehrt war. Lamine, der Apothekenwächter, sprang auf und winkte so ausladend mit den Armen, als säße er auf einer Insel fest und wollte ein Rettungsboot heranwinken. Moussa, der Wächter vor der Arztpraxis, klatschte mich mit einer Euphorie ab, als hätte ich gerade mein Abizeugnis bekommen. Die Erdnussverkäuferin, der Zeitungsmann, der Taxifahrer vor dem

Hotel, sie alle hatten Zeit für einen Plausch, einen Scherz, ein kleines Kompliment. Das machte einen Spaziergang durch die Stadt zu einem Erlebnis, ja zu einer täglichen Freude.

In nur wenigen Wochen in Dakar hatte ich mehr Nachbarn kennengelernt als in zehn Jahren Berlin. Anders als dort nuschelt man in Senegal nicht einfach nur ein »Morgen« hervor, während man angestrengt an seinem Gegenüber vorbeischaut, zum Beispiel auf die Ladentheke, das Handy oder in den verhangenen Novemberhimmel. Man lächelt, scherzt, nimmt sich Zeit für die Begegnung. Einfach nur »Hallo« zu sagen, gilt als eher unhöflich. Das Mindeste ist ein »Hallo, wie geht's?«. Meist gefolgt von einem »Wie war der Morgen?«, »Hast du gut geschlafen?«, »Was macht die Familie?«. Et cetera, et cetera. Je weiter man aufs Land fährt, desto ausladender werden die Begrüßungsformeln.

In meinen ersten Stunden in Wolof, der Verkehrssprache des Senegal, lernte ich ausschließlich Begrüßungsformeln. Es gibt Dutzende davon. Man fragt zum Beispiel: Wie war dein Morgen, dein Tag und deine Nacht? Ist deine Familie zu Hause, wie geht's deinem Mann beziehungsweise deiner Frau, deinen Kindern, was macht deine Gesundheit? Das Faszinierende ist, dass all diese Fragen gar nicht dem Informationsaustausch dienen.

Auf die Frage »Was gibt's Neues?« gäbe es eigentlich nur zwei Antworten, sagte mein Lehrer: »Nichts Neues.« Oder: »Du selbst bist die Neuigkeit.« Man antworte auch dann so, wenn man in der Nacht zuvor Drillinge geboren oder eine Million gewonnen habe.

So wie man auf die Frage »Wie geht's dir gesundheitlich?« »Gut. Dem Allmächtigen sei Dank« erwidere, selbst wenn man im Krankenwagen liege oder beide Arme in Schlingen hängen. In einem Land, in dem viele an Hexerei glauben, ist man mit persönlichen Informationen eher sparsam. Keiner will den Neid eines anderen auf sich ziehen, indem er freudig verkündet, dass er morgen nach New York reise oder im Lotto gewonnen habe.

Der Austausch ist damit, zumindest am Anfang, ziemlich ritualisiert, erstaunlicherweise aber meist dennoch erfreulich. Und das liegt an einer Herzlichkeit, die sich, wenngleich sie Teil des Rituals ist, doch echt anfühlt.

Ich kenne einen jungen Senegalesen, der in Paris aufwuchs und nach Dakar zurückzog, weil er die senegalesische Kunst der Begrüßung so sehr vermisst hatte. »In Paris nehmen dich die Leute gar nicht wirklich wahr. Sie murmeln ihr *Bonjour* und schauen schon wieder weg. In Senegal geht dir das Herz auf, wenn dich die Menschen begrüßen.«

In einem Land, in dem so gut wie alle Transaktionen auf dem persönlichen Kontakt beruhen, ist die Begegnung zu einer Kunstform geworden. Ihre Freude und Eleganz stellen einen Wert an sich dar. Der persönliche Kontakt ist in Senegal prinzipiell der vielversprechendste. Wer etwas erreichen will, schreibt keine Mail, sondern greift zum Telefon – oder kommt gleich persönlich vorbei.

Laut dem französisch-nigrischen Anthropologen Olivier de Sardan haben Menschen in Afrika sehr viel größere soziale Netzwerke als Asiaten, Europäer,

Amerikaner. Und zwar ganz analog, jenseits von Facebook und Instagram. Sogar Verwandtschaftsverhältnisse werden ausgeweitet. Menschen stellen dann Frauen als ihre Mütter vor, die eigentlich Tanten, Nebenfrauen des Vaters oder Nachbarinnen sind. »Meine Mama sagte immer: Egal, wo du hingehst, such dir eine Mama. Sei nie individualistisch, weder in der Armut noch im Reichtum.« So erzählt es mir Mariama Ndoye, eine senegalesische Schriftstellerin. Sie sagt: »Verwandtschaft liegt nicht nur im Blut, sie ist ein Verhalten.«

Ein System gegenseitiger Hilfe, der Geschenke und Gefälligkeiten durchzieht die Gesellschaften vieler afrikanischer Länder. Ein Erbe der traditionellen Großfamilie, die oft Dutzende, manchmal mehr als hundert Menschen umfasste, die zusammenlebten und wirtschafteten.

Das hat ganz konkrete Auswirkungen. Vieles von dem, was in Europa der Staat, Institutionen, Banken oder Firmen leisten, beruht in Senegal auf persönlichen Verbindungen. Nur wenige haben ein Konto bei einer Bank, eine Versicherung oder gar eine Rente. Den Staat sehen viele Menschen als Importprodukt aus Europa, sagt mir Ahmadou Aly Mbaye, Ökonom und Rektor der Universität Cheikh Anta Diop. »Sie vermeiden es, Steuern zu zahlen.« Sie verlassen sich stattdessen auf die Unterstützung von Familie, Freunden und Gemeinschaft.

Das hat Vor- und Nachteile. Einerseits bietet es Menschen in Ländern, in denen es keinen Sozialstaat gibt, Sicherheit. Auch entsteht, wenn jeder theoretisch der Verwandte von jedem anderen sein kann, etwas sehr Kostbares: sozialer Zusammenhalt. Wärme. Nähe. Verbundenheit.

Andererseits hemmt der allgegenwärtige Druck zur Umverteilung die wirtschaftliche Entwicklung. Das traditionelle Hin und Her der Gefälligkeiten hat sich mit dem modernen Geist des Kapitalismus verbunden. Die Begehrlichkeiten sind gewachsen. Ein Bekannter erlitt einen Burn-out, weil einfach zu viele Verwandte und Bekannte etwas von ihm wollten. Wann immer sie sein Auto parken sahen, bildete sich vor seinem Haus eine Schlange der Bittsteller.

Kontakte gelten als eine Art Reichtum. »Und weil man dem anderen stets das Gefühl geben will, in eine tiefere Beziehung mit ihm treten zu wollen, sind Begrüßungen so wichtig«, sagt die Schriftstellerin Mariama Ndoye. »Meine Mama grüßte Menschen oft eine halbe Stunde lang.«

Ein schlichtes »Hallo« kann daher – je nach Kontext – als ausgesprochen unhöflich gelten. Einmal, ich war noch neu in Senegal, fuhr ich mit einer Freundin in einen Fischerort. Ich hatte mich verfahren und wollte drei junge kiffende Fischer mit Dreadlocks, die am Wegesrand auf einem Baumstamm saßen, nach dem Weg fragen. Ich lehnte mich aus dem Autofenster und fragte: »Guten Tag, entschuldigen Sie, wo geht es nach xy?« Einer von ihnen entgegnete empört: »Du weißt noch nicht mal, wie es meiner Familie geht, und fragst mich schon nach dem Weg?«

Am besten entwaffnet man solche Situationen mit einem Scherz – und folgt damit einer äußerst klugen Tradition der Konfliktlösung, die man fast überall in Westafrika findet: die *cousinage à plaisanterie*, die sogenannte Scherzverwandtschaft. Wann immer Dörfer oder Ethnien nach einem Krieg Frieden schlossen, erklärten sie sich zu Cousins, zu »Scherzverwandten«. Fortan darf jeder noch so robuste Scherz ausgesprochen werden, ohne dass der eine dem anderen etwas übel nehmen darf. Ich habe oft erlebt, dass Wildfremde sofort begannen, einander aufzuziehen, sobald sie festgestellt hatten, dass sie aus zwei scherzverwandten Ethnien stammten.

Das klappt oft auch dann, wenn man nicht scherzverwandt ist. Als ich noch neu in Dakar war, heftete sich einmal ein besonders nerviger Schlepper an meine Fersen. Instinktsicher witterte er meine Ahnungslosigkeit. Er drängte mich, mit ihm zu einer Stofffabrik zu kommen (wo er auf einen Einkauf von mir Provision erhalten würde). Als er damit nicht weiterkam, verlangte er Geld für seinen Kaffee. Er bearbeitete mich hartnäckig, wobei er jene unendlich nervige Kulturtechnik zum Einsatz brachte, die man im frankophonen Westafrika *fatiguer* nennt: jemanden »ermüden«. Der Täter labert sein Opfer dabei ununterbrochen zu und nervt es schier zu Tode, bis dieses sich mit ein paar Münzen Frieden erkauft. Diesen Gefallen wollte ich ihm nicht tun. Als er mich nicht weichgeredet bekam, bemühte er das Totschlagargument. Ich sei Rassistin. »Nö«, sagte ich, »aber ich glaube, Sie sind Chauvinist. Oder würden Sie sich trauen, mit einem Mann so umzuspringen?«

Einen Moment lang sah er mich verdutzt an. Dann verzog sich sein Mund zu einem Kichern, bis er schließlich in schallendes Lachen ausbrach. Er klatschte mich ab und zog kichernd von dannen.

Wann immer ich danach an ihm vorbeiradelte, winkte er mir fröhlich zu und rief mir eine gut gelaunte Begrüßung zu. *À la Sénégalaise*.

Tanz und Spiel

Das Talent, dem Leben noch die kleinste Chance auf ein wenig Freude abzutrotzen, die Fähigkeit, sich zwischen Fron und Mühsal einem Moment der Leichtigkeit hinzugeben, verlangt mir den größten Respekt ab. Ich glaube, die meisten Menschen würden liebend gern mehr spielen. Man muss nur die Begeisterung beobachten, mit der sich Erwachsene bisweilen auf Kinderspielzeug werfen, sobald ein Kind neben ihnen sitzt, das diese Beschäftigung rechtfertigt. Sie werfen Papierflieger, lassen unter Brummgeräuschen Spielzeugautos fahren, spielen stundenlang Lego oder Baukasten, bauen Höhlen in Sofaecken, schaukeln, rutschen oder wippen. Und wer hat eigentlich bestimmt, welche Spiele für Menschen welchen Alters sind, wann es angebracht ist zu tanzen und wann nicht?

Einmal spazierte ich mit meinen Eltern am Westsee in der südchinesischen Stadt Hangzhou entlang, als wir plötzlich ohrenbetäubenden Lärm vernahmen. Dutzende Melodien erklangen zugleich, begleitet von Trommeln, Singen und Trillieren. Es klang, als fände hier ein gewaltiger Jahrmarkt statt. Als wir in Richtung des Lärms gingen, sahen wir Hunderte, vielleicht auch Tausende chinesische Rentner, die sich am Ufer des Sees amüsierten. Die einen schoben sich zu Tango über den Asphalt, die nächsten stampften armwedelnd zu Technomusik, die Dritten drehten sich zu schmachtenden chinesischen Popsongs. Eine Gruppe praktizierte Schwertkampf, eine andere Arbeiter-Kung-Fu, dessen Bewegungen den Routinen der Fabrikarbeiter nachempfunden sind, und die nächsten Tai-Chi-Chuan. Sie übten Federball, Schach oder zockten Mahjong. Spielten Flöte, Akkordeon oder das Saiteninstrument Erhu; schlugen Trommeln, sangen Opern und die Hymnen der Kulturrevolution, mongolische Volksweisen, russische Revolutionssongs und Liebeslieder. Nicht alle von ihnen sangen gut, manche jaulten ganz erbärmlich, was sie aber durch Lautstärke wettzumachen versuchten. Einige Sänger hatten Mikrofone und riesige Boxen dabei, die sie auf einfachen Handgabelstaplern hierhertransportiert hatten, einer versuchte, den anderen zu übertönen. Sie lachten, stritten, flirteten und amüsierten sich – einfach so. Dies war kein Feiertag, niemand kassierte Tickets oder verkaufte Alkohol. Abend für Abend verwandelten die Alten das Seeufer in ihren Freizeitpark.

Immer wieder stolperte ich in chinesischen Städten über Alltagsfeste am Straßenrand. In Chengde hatten sich die Nachbarn verkleidet. Eine Dame kam als Shanghaier Lebedame der Zwanzigerjahre, ein älterer Herr im Dreiteiler und mit Opiumpfeife. Gemeinsam führten sie einen lasziven Tanz auf, während um sie herum Nachbarn trommelten, trompeteten und auf und ab hopsten und Drachentänzer einen roten Drachen durch die Menge wirbeln ließen. Noch in den tristesten Neubaugebieten der Peripherie, Orten, die sich nach allen Regeln der Stadtsoziologie in Gettos verwandeln mussten, sah ich abends am Straßenrand Nachbarn tanzen.

Nun handelt es sich bei den Älteren um eine Generation, die in der Kulturrevolution aufwuchs und meint, um ihre Jugend betrogen worden zu sein. Sie haben also viel nachzuholen. Und doch konstatierte ich, als ich begann, Chinesisch zu lernen, überrascht, dass »Komm, wir gehen spielen« nicht nur ein Ausdruck ist, den Kinder verwenden. Erwachsene fordern sich permanent zum Spielen auf. *Wan'r* kann alles Mögliche sein (das »r« am Ende wird dabei ganz hinten in der Kehle gerollt, sodass das Wort einen dunklen, vollen Klang erhält), Hauptsache, man amüsiert sich dabei. Man könnte essen, wandern, tanzen, eislaufen, spazieren oder zur Massage gehen, ein Konzert besuchen, den Mond anschauen, trinken, Karten spielen, einen Teesalon frequentieren, reisen oder Gokart fahren. Wie so viele chinesische Zeichen hat auch *wan'r* unzählige Bedeutungen. In Aktien zu investieren, heißt auf Chinesisch – und das verrät einiges über das Investitionsverhalten chinesischer Anleger – »mit Aktien spielen«.

Mir scheint, es handele sich dabei nicht nur um ein semantisches Phänomen. Es stimmt mich augenblicklich fröhlicher und unternehmungslustiger, wenn mich ein Mensch zum Spielen auffordert, als wenn derselbe Mensch sagen würde: »Komm, wir gehen auf einen Kaffee.« Der Kaffee insinuiert eine vorgegebene Routine. Man trifft sich im Kaffeehaus und geht danach eventuell noch auf einen Spaziergang. Dazu kommt, dass man ja ohnehin permanent mit Geschäftspartnern oder Arbeitskollegen Kaffee trinken geht, um Geschäftliches zu besprechen. Wie viel offener, verheißungsvoller und Abenteuer versprechender ist hingegen eine Aufforderung zum Spiel?

Es gab eine Zeit, da gehörten auch in Europa das Spiel und der Tanz selbstverständlich zum Alltag dazu. »Es fällt uns schwer, uns vorzustellen, welches Gewicht Spiele und Feste in der alten Gesellschaft hatten, wo doch der Mensch heute zwischen einer sehr anstrengenden, viel zu aufgeblähten beruflichen Sphäre und den so unausweichlichen wie ausschließlichen familiären Verpflichtungen nur sehr wenig Spielraum hat«, schreibt der französische Historiker Philippe Ariès in seiner *Geschichte der Kindheit*. »In der alten Gesellschaft nahm die Arbeit weder einen so großen Teil des Tages ein, noch hatte sie für die öffentliche Meinung so viel Gewicht wie heute. Sie besaß nicht den existentiellen Wert, den wir ihr seit mehr als einem Jahrhundert beimessen.«[1]

Spiele und Zerstreuungen erstreckten sich weit über jene verstohlenen Momente, die wir ihnen heute zugestehen. »Sie bildeten eines der Hauptmittel, über die eine Gesellschaft verfügte, um die gemeinschaftlichen Bande enger zu knüpfen.«[2] Das Spiel war nicht den Kindern vorbehalten, es vereinte Alte und Junge, Arme und Reiche. Die Menschen verkleideten sich, tanzten, rauften, spielten Ball, sangen, würfelten und führten dramatische Spiele auf. Feste zu organisieren, galt als gesellschaftlich verantwortungsvolle Tätigkeit, mit der höchste Würdenträger betraut wurden. Noch im 16. Jahrhundert wurde der Karneval von Avignon vom Abbé de la Basoche, dem Vorsitzenden der Bruderschaft der Kanzleischreiber, Notare und Staatsanwälte, ausgerichtet.

Selbst Nonnen und Mönche tanzten gelegentlich miteinander, ohne dass die Öffentlichkeit den geringsten Anstoß daran zu nehmen schien. Zumindest war dies bis zur Ordensreform des 17. Jahrhunderts der Fall. »An Sommertagen«, so berichtete die Biografin von Mutter Angélique Arnaud, die Anfang des 17. Jahrhunderts in der Abtei von Maubuisson eintraf, um diese zu reformieren, »führte die Priorin, nachdem man die Vesper eilig hinter sich gebracht hatte, die Ordensschwestern ein gutes Stück weg von der Abtei, damit sie sich an den Teichen auf dem Weg nach Paris ergehen konnten. Dorthin kamen dann oft die Mönche von Saint-Martin de Pontoise, um mit den Nonnen zu tanzen, und das mit derselben Freizügigkeit, wie man das bei weltlichen Anlässen tun würde.«[3] Die Reformatorin Angélique Arnaud zeigte sich über dieses Verhalten höchst entrüstet.

Bereits im Mittelalter hatte die Kirche sämtliche Formen des Spiels verdammt, schreibt Ariès. Das galt insbesondere für die Gemeinschaft der Priesterstipendiaten, die sich keinem Müßiggang hingeben sollten. Am Collège de Seez heißt es etwa in einer Anordnung aus dem Jahr 1477: »Es wird angeordnet, dass sich niemand am Würfelspiel oder anderen unanständigen oder verbotenen Spielen und selbst nicht einmal an zulässigen wie dem Federball beteiligen darf.«[4]

Doch es war nicht nur die Kirche, die Einfluss auf das Spiel nehmen sollte. Zwischen dem 17. und

18. Jahrhundert begannen Lehrer, Erzieher, moralische und politische Führer, danach zu streben, die moralische Reinheit des Kindes zu erhalten, schreibt Ariès. Spiele sollen fortan lehrreich und erbaulich sein, der Erziehung, Gemeinschaft und öffentlichen Moral dienen. Es bildete sich eine Geisteshaltung heraus, die bereits die moderne Einstellung zum Spiel ankündigte und sich von der früheren grundlegend unterschied, als Glücksspiel und Raufereien beliebt und weit verbreitet waren.

Der Staat braucht Soldaten und damit körperlich gestählte junge Männer. Pädagogen untersuchen Spiele auf ihren moralischen und körperlichen Nutzen hin, denn »unsere Kinder sind Soldaten, noch ehe sie geboren werden. Alles Militärische atmet etwas Großes und Edles, das den Menschen über sich selbst hinaushebt«[5], schreiben etwa Duviver und Jauffret in ihrem Traktat *Gymnastique de la jeunesse*.

Das Spiel wird zur Gymnastik. Der Historiker Ariès schreibt: »So geht man unter dem wachsenden Einfluss der humanistischen Pädagogen, der Ärzte der Aufklärung und der ersten Nationalisten von den gewaltsamen und suspekten Spielen alter Prägung zur turnerischen Übung und militärischen Vorbereitungen, von den volkstümlichen Raufspielen zu Turnvereinen über.«[6]

Das Spiel wird eine Frage der Klasse. Einst waren Spiele allen Menschen ohne Ansehen ihres Alters oder Standes gemeinsam. Doch mit der Herausbildung einer aristokratischen Welt versucht sich der Adel vom Rest der Gesellschaft abzuheben. Seit dem 12. Jahrhundert sind bestimmte Spiele den Rittern vorbehalten, zum Beispiel das Turnier und Ringstechen. Sie sollen den Rittern in Friedenszeiten Beschäftigung und ein Auskommen bieten und verhindern, dass sie marodierend durch die Lande ziehen. In dem Maße, wie sich der Adel vom Volk abgrenzt, sucht er nicht länger die Zerstreuung in seiner Mitte. Im Lauf der Jahrhunderte distanziert er sich von einem Spiel nach dem anderen. Da das Volk aber danach trachtet, den Adel zu kopieren, werden mehr und mehr Spiele zur Kindersache – und verschwinden manchmal ganz.

Da ist etwa das Reifenspiel, bei dem Kinder einen Reifen mit dem Stock vor sich hertreiben. Noch zu Anfang des Mittelalters war dies ein Zeitvertreib, der sich weithin Beliebtheit erfreute. Seit dem 17. Jahrhundert spielten in europäischen Städten aber nur noch Kinder dieses Spiel. Inzwischen ist es in Europa so gut wie ausgestorben, man sieht bisweilen noch Kinder in Afrika einen Reifen vor sich hertreiben. »Es ist bemerkenswert«, schreibt Ariès, »dass die alte Spielgemeinschaft zwischen Kindern und Erwachsenen zur gleichen Zeit auseinandergebrochen ist wie die zwischen Volk und Bourgeoisie.«[7]

Heute sind wir von einer Spielgemeinschaft so weit entfernt, dass sich kaum mehr einer vorstellen kann, dass sie einst existierte. Allerorten wird unterdessen der Verlust des sozialen Zusammenhalts beklagt. Soziologen erklären dies mit dem Zerbrechen traditioneller Milieus und Gemeinschaften, dem Verlust gemeinsamer Werte, einem veränderten Arbeitsmarkt, Kapitalismus, Technologie, Globalisierung, dem Aufkommen von Filterblasen. Es ist höchst komplex. Hätten S' vielleicht Lust auf ein Spiel?

Blau

Die blaue Stunde ist gekommen. Das Meer, der Himmel, die Bergzüge am Horizont, alles versinkt in Blau. So viele Töne, dass einem schwindlig davon werden könnte. Kobalt, Lapislazuli, Marine, Nachtblau, Meerblau, Türkis, Saphir, Azurblau, Aquamarinblau, Grünblau, Schwarzblau, Larimar- und Kyanitblau, Kaiserblau, Chrysocollablau, Veilchen, Lavendel, Opal, Indigo, Petrol, Metallblau, Hortensien, Kornblumenblau, Astern-, Iris-, Petunien-, Glockenblumen- und Lotusblumenblau, Vergissmeinnicht, Eisblau, Tintenblau, Jeansblau, Preußischblau, Königsblau, Himmelblau, Arktisblau, Persischblau, Capriblau, Tiffanyblau, Celeste, Oxfordblau, Mayablau, Babyblau.

Blau wie deine Augen an einem Sommertag. Blau wie ein Bergsee. Blau wie das Schimmern einer Libelle. Blau wie die violettflügelige Holzbiene. Blau wie der Flügelstreifen einer Stockente.

Blau war die letzte Farbe, die die Menschen für sich entdeckten – obwohl sie schon immer über die Rezeptoren dafür verfügten. Der Mensch kann etwa eine Million Farbtöne erkennen – also auch Zehntausende Arten Blau. In fast allen Kulturen tauchten die Worte für die Farbe Blau relativ spät auf, viel später als Schwarz, Weiß, Rot, Gelb oder Grün.

Im Jahr 1858 erschien ein Buch des britischen Premierministers William Gladstone, das für Furore sorgte. Gladstone, einem Bewunderer Homers und der altgriechischen Literatur, war aufgefallen, dass Homer in der *Odyssee* das Wort »blau« nicht verwendet. In *Studies on Homer and the Homeric Age* führt er aus, dass Homer das Adjektiv *porphyreos*, also »violett« oder »dunkles Rot«, als Beschreibung für Blut, eine Welle oder einen Regenbogen benutzt. *Oinops*, »weinrot«, umschreibt die Farbe des Meers.

Linguisten glauben heute, dass die Griechen damals wahrscheinlich noch kein Wort für »blau« hatten. Vielleicht, weil Blau in der Natur relativ selten ist, auch ist es im Gegensatz zu anderen Farben nur sehr schwer zu gewinnen. Es gibt nur wenige natürliche Minerale oder Gesteine, die sich zu blauem Pulver zerreiben ließen – und noch weniger bewahren ihre Farbintensität dabei. Lapislazuli etwa ist ein dunkelblauer Stein, der gemahlen ziemlich unansehnlich wirkt.

Untersuchungen beim Stamm der Himba in Namibia, deren Sprache kein Wort für »blau« kennt, legen nahe, dass es Menschen schwerfällt, die Farbe zu sehen, wenn sie keinen Begriff dafür haben. Die Himba können Blau und Grün schwer unterscheiden. Sprache aber kann die Farbwahrnehmung beeinflussen. Der israelische Linguist Guy Deutscher zeigte in einem Versuch, der auch in einer Folge von maiLab, dem Wissenschaftskanal der Chemikerin Mai Thi Nguyen-Kim, erwähnt wird, dass selbst der Himmel nicht unbedingt als blau wahrgenommen werden muss. Er brachte seiner kleinen Tochter die Farben bei, sagte ihr aber nicht, dass der Himmel blau sei. Wenn sie nun rausgingen, fragte er sie wieder und wieder, welche Farbe der Himmel denn habe. Seine Tochter wirkte irritiert. Ein paarmal antwortete sie: »Weiß«, erst nach eineinhalb, zwei Monaten versuchte sie es mit Blau. Linguisten glauben, dass viele Kulturen erst dann Begriffe für »Blau« entwickelten, als sie die Fähigkeit erworben hatten, das Pigment verlässlich herzustellen.

Den alten Ägyptern und Mesopotamiern gelang es bereits von 2500 vor Christus an, Blau künstlich herzustellen. In Europa hingegen konnte der blaue Farbstoff bis zum Ende des 16. Jahrhunderts einzig aus dem Wildkraut Färberwaid gewonnen werden. Seine Pigmente aber ließen sich nicht in Wasser lösen, dazu brauchte es viele Liter Urin. Die Färber gewannen es, indem sie literweise Bier tranken – Bier treibt – und die zu färbenden Stoffe bis zu zwölf Stunden lang in ihren Urin legten. Danach mussten sie in der Sonne getrocknet werden, damit das Pigment oxidierte und die Stoffe ihre blaue Farbe zeigten. Da die Flüssigkeit aber schnell verdunstete, mussten die Färber immer wieder nachtrinken und nachpinkeln. Sie lagen in der Sonne und tranken literweise Bier – sie machten Blau. Daher kommt auch der Begriff »blaumachen« fürs Schwänzen.

Lupinenblau, Columbiablau, Admiralsblau. Die blaue Stunde bringt immer weitere Blautöne hervor.

All das Blau macht einen so leicht und weit. Nein, es liegt gar nicht am Wein – man kann sich am Blau betrinken.

Über die Freude

Einmal erzählte ich einem senegalesischen Freund, der ebenfalls in Berlin lebt, dass mich die Vielzahl der Bettler in der U-Bahn bisweilen überfordere. Ich könne nicht allen etwas geben, also versuchte ich, unter den vielen Bedürftigen jene auszuwählen, die mir besonders alt oder gebrechlich erschienen, die auf mich nicht den Eindruck machten, das Geld sofort in Drogen oder Alkohol umzusetzen. Ich habe das nie bewusst so gedacht, doch im Nachhinein glaube ich, ich bemühte mich, jene zu finden, die mein Geld besonders *verdienten*.

Der Freund lächelte und erzählte mir, dass er in Italien aufgrund einer Verkettung unglücklicher Umstände ebenfalls eine Zeit lang obdachlos gewesen sei. Das überraschte mich sehr, ist er doch ein junger Mann, der aus guter Familie stammt, jetzt in Berlin seine Studien fortsetzt, mit einer Deutschen verheiratet ist und nebenbei eine Reihe interessanter Jobs macht.

In Italien, erzählte er, sei er aus seiner WG geflogen und fand keine neue Unterkunft. Ihm fehlten die

Kontakte, er lebte in einer fremden Stadt in einem fremden Land. Morgens erwachte er auf einer Parkbank, wusch sich auf einer öffentlichen Toilette, zog sein weißes Hemd an und ging zur Arbeit. Abends fuhr er so lange mit dem Bus durch die Stadt, bis die Öffentlichen ihren Betrieb einstellten, um sich dann wieder auf eine Parkbank zu legen. Keiner in seiner Arbeit ahnte, wo er schlief. Obdachlos zu sein, sagte der Freund, sei immer schrecklich. Egal, was einen in diese Situation gebracht habe. Ob man Alkohol oder Drogen konsumiere oder nicht. Solange er Kleingeld in den Taschen habe, gebe er daher jedem Bettler.

Was er sagte, machte Eindruck auf mich. Ich beschloss, es so zu handhaben wie er, und merkte zu meiner Überraschung, dass sich etwas in mir veränderte. Zuvor war mein Gehirn in einem Modus des Bewertens gewesen. Jetzt wechselte es – ohne dass ich das beabsichtigt hatte – in einen Zustand der Empathie. Statt mir zu denken: Oh nee, dem nicht, sieht nach Drogi aus, fragte ich mich jetzt öfter, wie es den Menschen vor mir wohl am Morgen ergangen sei. Wo sie die Nacht verbracht hatten, wie sie gefrühstückt hatten und mit wem. Wie sie eine Stadt erlebten, in der alles kostet und sie nirgends so richtig willkommen sind. Was sie wohl erlebt hatten, dass sie auf der Straße gelandet waren. Und vielleicht wäre es mir ja nicht anders ergangen, wenn ich ihr Schicksal zu tragen gehabt hätte.

Zu meiner Überraschung stellte ich fest, dass sich nicht nur meine Gedanken und Gefühle wandelten, sondern auch meine Stimmung. Ich fühlte mich leichter, fröhlicher, ohne zu verstehen, warum. Offenbar hatte ein einfacher Wandel meiner Routine zu einem veränderten Geisteszustand geführt. Ich wollte herausfinden, woran das liegen konnte.

Überraschenderweise hatte sich die Wissenschaft lange nicht besonders für Freude und Glück interessiert – obwohl sie gerade der westlichen Zivilisation als zentrale Werte gelten. Schon Aristoteles hatte die *eudaimonia*, wörtlich den »guten Geist«, meist mit »Glück« übersetzt, zum höchsten menschlichen Gut erklärt, zum höchsten Ziel der praktischen Philosophie und damit sowohl der Ethik als auch der politischen Philosophie. Die amerikanischen Gründer hatten *life, liberty and the pursuit of happiness* in die Unabhängigkeitserklärung aufgenommen. Und schon relativ bald hatte sich die Erkenntnis durchgesetzt, dass Wohlstand allein zu wenig über das Wohlergehen der Bürger aussage.

Dass positive Emotionen für unser Überleben als Spezies essenziell sind, war Gelehrten früh klar. Sie signalisieren uns Situationen, die uns nützen könnten, so wie uns Angst vor Gefahren warnt.

Doch so wichtig Freude und Glück für uns als Spezies sind, so schwer sind sie zu greifen. Es gibt kein Thermometer, mit dem sich Gefühlszustände messen lassen könnten. Ja, oft merken wir noch nicht mal, dass wir uns freuen. Dann bleibt die Freude eine Emotion, eine rein automatische Antwort unseres Körpers. Zu einem Gefühl wird sie erst, wenn wir uns ihrer bewusst werden. Das aber tun wir oftmals nicht.

Überraschenderweise legt unser Bildungssystem keinen großen Wert auf den Umgang mit unseren Emotionen, obwohl sie für uns selbst und unser

Zusammenleben von größter Bedeutung sind. Wir wissen uns oft selbst nicht zu lesen und mit dem, was wir wahrnehmen können, wenig anzufangen. Die meisten Menschen könnten etwa eine Handvoll Gefühle benennen, sagt der britische Psychologe Alan Watkins. Dabei sei der Mensch in der Lage, 34 000 Arten von Emotionen zu empfinden.[1] Darunter wären dann also Tausende Arten von Freude.

Weil Gefühle so schwer zu fassen sind, konzentrierte sich die traditionelle Psychologie lange auf Störungen, auf Depressionen oder Angstzustände. Wer sich hingegen noch Ende der 1960er-Jahre als Wissenschaftler grundlegender mit Emotionen beschäftigte, wurde als unseriös angesehen. Wahrnehmen, Denken und Handeln galten als Themen ernsthafter Forschung.[2]

Das änderte sich mit dem Aufkommen der Positiven Psychologie in den vergangenen Jahrzehnten. Wissenschaftler begannen, sich dem Studium positiver Emotionen zu widmen, versuchten herauszufinden, welche Persönlichkeitsmerkmale, Routinen oder Rituale ihnen besonders zuträglich seien, was Menschen froh oder glücklich macht. Äußere Umstände scheinen dabei eine geringere Rolle zu spielen als lange angenommen.

Die amerikanischen Wissenschaftler Brickman, Coates und Janoff-Bulman untersuchten im Jahr 1978 sowohl Menschen, die im Lotto gewonnen hatten, als auch solche, die durch einen Unfall gelähmt wurden. Zwar waren die Lottogewinner sehr froh über ihren Gewinn, doch schienen sie sich nach kurzer Euphorie daran gewöhnt zu haben. Sie erklärten sich nicht als glücklicher als die Kontrollgruppe. Zwar konnten sie sich mit ihrem Geld neue Vergnügen leisten, dafür zogen sie aber weniger Freude aus Alltagsereignissen als vorher. Glück könnte relativ sein, folgerten die Wissenschaftler. Eine Idee, »die mindestens so alt ist wie die stoischen und epikurischen Philosophen des alten Griechenlands«.[3]

Zudem ist es höchst individuell. Schon lange beschäftigte Wissenschaftler, dass einige Personen selbst unter äußerst schwierigen persönlichen Umständen tendenziell eher froh und zufrieden waren, während anderen dieses Gefühl abging, obwohl sie objektiv alles besaßen, was ein gelungenes Leben ausmacht. Das rückte das subjektive Glücksempfinden in den Fokus. Wissenschaftler begannen, Selbstbefragungstests zu entwickeln. Im Jahr 1999 etwa entwarfen die Wissenschaftlerinnen Sonja Lyubomirsky und Heidi Lepper einen Index subjektiver Glücksempfindung, der noch heute in unterschiedlichen Kulturen und Sprachräumen verwendet wird.[4]

Vererbung scheint für das individuelle Glücksempfinden eine große Rolle zu spielen. Das zeigte eine Studie der in den USA lehrenden Wissenschaftler David Lykken und Auke Tellegen aus dem Jahr 1996. In ihrer über zehn Jahre angelegten Zwillingsstudie fanden sie heraus, dass genetische Faktoren über etwa 44 bis 52 Prozent des subjektiven Wohlergehens bestimmen.[5]

Das ist eine ganze Menge, aber nicht alles. Eine der wichtigsten Erkenntnisse der Hirnforschung war die Einsicht, dass das Gehirn plastisch ist, dass es lernen und trainiert werden kann. Menschen, deren

Gehirn durch einen Schlaganfall geschädigt ist, können ihre Fähigkeiten durch entsprechendes Training wiedererlangen. Ja, selbst Menschen, die nur über eine funktionierende Gehirnhälfte verfügen, können es mit Training schaffen, ein relativ normales Leben zu führen.[6]

Geistige Aktivitäten verändern die Gehirnstruktur. Neuronen, die gemeinsam feuern, vernetzen sich. Eine Studie unter Taxifahrern in London zeigte, dass sich die Struktur ihres Gehirns verändert hatte, nachdem sie ihre Ausbildung abgeschlossen hatten. Es war dort gewachsen, wo der Hippocampus, der Arbeitsspeicher unseres Gehirns und die Schaltstelle zwischen Kurz- und Langzeitgedächtnis, visuell-räumliche Erinnerungen verarbeitet.

Routinen trainieren das Gehirn – im Guten wie im Schlechten. Wenn wir Stress empfinden, so der amerikanische Psychologe Rick Hanson, stößt unser Körper Cortisol aus. Das Cortisol stimuliert die Amygdala, die Alarmglocke unseres Gehirns, die daraufhin lauter und schneller reagiert. Gleichzeitig schwächt das Cortisol Neuronen im Hippocampus, der unter anderem die Amygdala aktiviert. Wird der Stress chronisch, verändert sich die Struktur des Gehirns. Wir werden im Zuge noch anfälliger für Stress, das Gehirn lernt sozusagen den Stress – und wird dadurch noch gestresster.[7]

Das Wissen um die Neuroplastizität des Gehirns verleiht dem Menschen enorm viel Handlungsfreiheit. Er oder sie selbst kann Einfluss darauf nehmen, wie sich das Gehirn strukturiert; welche Routinen er oder sie sich zulegen möchte. Das Schöne dabei ist, dass der

Mensch besser lernt, wenn er Freude empfindet. Signale aus dem Belohnungszentrum unterstützen Neuronen dabei, sich zu vernetzen.

Das Problem ist nur, dass Menschen sich eher auf schlechte als auf gute Erfahrungen konzentrieren. Wissenschaftler nennen dies »negative Voreingenommenheit«. Ein Erbe unserer Vorfahren. Wollten unsere Vorfahren überleben, mussten sie sehr aufmerksam auf schlechte Ereignisse achten. Sie mussten lernen, dass man einen Fliegenpilz nicht essen darf, dass ein Blitz tödlich sein konnte und dass ein Braunbär schneller klettern konnte als ein Mensch. Diese Erfahrungen aber strukturieren unser Gehirn noch immer. Die negative Voreingenommenheit zu überwinden, ist das Problem vieler Menschen, die schreckliche Erfahrungen machen mussten.

Wenn wir wollten, dass positive Erfahrungen in unser Langzeitgedächtnis übergehen und allmählich die Struktur unseres Gehirns verändern, so Hanson, müssten wir sie länger in unserer Wahrnehmung halten, als wir dies normalerweise tun würden. Sie genießen. Absorbieren. In ihnen schwelgen.

Doch – in welcher Art von Freude? Das eigentliche Glücksgefühl, so der Neurobiologe Gerhard Roth, entstehe durch einen Cocktail gehirneigener Opioide wie Endorphine, die auch als Schmerzkiller bekannt sind. Empfinden wir Freude, werden Hirnbotenstoffe in unser zentrales Nervensystem ausgestoßen, das aus Gehirn und Wirbelsäule besteht. Biochemisch sind insbesondere drei Hirnbotenstoffe beteiligt: Serotonin, Dopamin und Oxytocin.[8] Serotonin dient dazu, die Psyche zu stabilisieren, sorgt für Gelassenheit, Harmonie und Zufriedenheit, steuert unser Sättigungsgefühl, dämpft Angst, Kummer, Sorgen und Aggression. Dopamin bewirkt, dass unser Gehirn besser funktioniert, es steuert unser Interesse, unseren Antrieb, unseren Tatendrang. Oxytocin bildet sich, wenn wir einen anderen Menschen lieben und ihm vertrauen.

Entscheidend für die Neurobiologie und die Qualität des Glücks sei aber die Quelle der Freude, so Roth. Je nach Art des Stimulus werden nämlich ganz unterschiedliche Gehirnareale stimuliert. Materielle Belohnung wie Geldgeschenke oder Sex aktivierten vor allem den *Nucleus accumbens* im Zentrum des sogenannten Belohnungssystems.

Die beiden amerikanischen Forscher James Olds und Peter Milner entdeckten dieses Areal im Jahr 1954 bei einem Experiment mit Ratten. Durch Zufall fanden sie heraus, dass die Ratten es mochten, wenn dieser Bereich im Gehirn mit einem elektrischen Signal gereizt wurde. Um mehr darüber herauszufinden, sorgten sie dafür, dass die Ratten per Knopfdruck selbst diesen Bereich in ihrem Gehirn anregen konnten. Die Ratten lernten schnell: Sie drückten den Knopf immer wieder – bis zur totalen Erschöpfung. Einige Ratten brachen sogar zusammen, weil sie lieber den Glückshebel betätigten, als zu fressen oder zu trinken.[9]

Dieses Glücksgefühl sei allerdings nur von kurzer Dauer und verlange schnell nach mehr, so Roth. Länger wirkten hingegen soziale Belohnungen, etwa Anerkennung und Freundschaft. Sie aktivierten Areale der Hirnrinde wie den orbitofrontalen und den insulären Cortex, in denen auf bewusster Ebene positive und negative Erfahrungen verarbeitet werden.

Die beständigsten Glücksgefühle entstünden indessen durch Tätigkeiten, in denen wir völlig aufgehen. Während eines Flow-Erlebnisses kämen Basalganglien ins Spiel. Sie sind Speicherort aller Gewohnheiten und Automatismen und sorgen dafür, dass reichlich gehirneigene Opioide rieseln, wenn wir Dinge »gekonnt« ausführen und uns als selbstwirksam erleben, so Roth.

In den 2000er-Jahren führten die Neurowissenschaftler Richard Davidson und Antoine Lutz eine Reihe von Experimenten mit tibetischen buddhistischen Mönchen in Dharamsala durch, die seit vielen Jahren Meditation praktizierten. Dazu gehörte auch eine Form der Meditation, die sich besonders auf Liebe und Mitgefühl konzentrierte.

In einem Experiment baten sie 16 Mönche und 16 Laien in einen Magnetresonanztomografen (MRT) und forderten sie auf, zu meditieren oder sich in einen neutralen Zustand zu versetzen, während sie ihnen verschiedene Geräusche vorspielten: das Schreien einer leidenden Frau, ein lachendes Baby. Sie stellten fest, dass die Gehirne der Mönche viel stärker darauf reagierten als die der Kontrollgruppe. Die Scans zeigten bei ihnen erhöhte Aktivität in der Insula, einem verdeckten Teil der Großhirnrinde.

»Die Insula ist sehr wichtig dabei, Emotionen zu erkennen und diese Informationen anderen Teilen des Gehirns zu vermitteln«, sagt Davidson.[10] Zugleich beobachteten die Wissenschaftler eine erhöhte Aktivität im sogenannten temporo-parietalen Übergang, dem Verbindungsbereich von Temporal- und Parietallappen, vor allem in der rechten Hemisphäre. Beide Gehirnregionen spielen eine wichtige Rolle bezüglich Empathie und des Gefühls der Zugehörigkeit. Der Versuch lege nahe, so Lutz, dass durch die intensiven geistigen Übungen zwei Gehirnregionen begonnen hatten zusammenzuarbeiten, die vorher getrennt voneinander aktiv waren. Das Training von Liebe und Mitgefühl hatte zu strukturellen und funktionellen Veränderungen des Gehirns geführt.

Diese Veränderungen aber helfen nicht nur anderen, sondern auch den Praktizierenden selbst. Verschiedene Studien zeigten, dass das Training von Empathie das persönliche Wohlergehen steigert, das Immunsystem und die Herzfunktionen stärkt, Umgang mit Stress verbessert, sich positiv auf die psychische Gesundheit auswirkt, positive Emotionen wie Optimismus, Zärtlichkeit und soziales Verhalten intensiviert. So wie zahlreiche Studien nachwiesen, dass geistiges Training und Meditation zu positiven Veränderungen des Gehirns führen.

Meditation ist dabei ein sehr weiter Begriff, unter den die unterschiedlichsten Praktiken fallen. »Das ist nicht anders als beim Sport«, sagt mir der Psychologe Boris Bornemann. Grob unterteilt, seien da jene Disziplinen, die sich eher der Achtsamkeit widmen, und andere, bei denen wir Wohlwollen und Fürsorge für uns und andere kultivieren, im Englischen *Loving-Kindness Meditation* genannt. Beide aktivierten nicht nur sehr viele, sondern auch unterschiedliche Gehirnregionen. Bei der Achtsamkeitsmeditation spiele zum Beispiel die Insula eine entscheidende Rolle. Dort wird inneres Körpergeschehen verarbeitet. Außerdem beteiligt ist der anteriore cinguläre Kortex, der vorn im Gehirn liegt und hilft, unsere Aufmerksamkeit zu steuern.

»Die *Loving-Kindness Meditation* kultiviert, biologisch gesprochen, das Fürsorgesystem«, sagt Bornemann. »Das hat einen beruhigenden und leicht schmerzstillenden Effekt.« Bei ihr ist insbesondere der orbitofrontale Cortex beteiligt, der für erlernte Emotionen zuständig ist und damit auch als Sitz ethischer Empfindungen gilt. »Man findet aber auch Aktivierungen in der Substantia nigra, einer Region, in der Schmerzen verarbeitet werden, sowie im Striatum, einer tief liegenden Hirnregion, die mit Belohnung und angenehmen Gefühlen zusammenhängt.«

Menschen können also lernen, fröhlicher und zufriedener zu sein, und sie können dies tun, indem sie anderen helfen. Der in Australien lebende Psychologe Vidya S. Athota fordert daher eine Renaissance »moralischer Emotionen«. Denn genau darum gehe es auch in Aristoteles' Konzept der *eudaimonia*: um das Gemeinwesen. Einige Schulen der Positiven Psychologie, so Athota, hätten sich zu lange auf die eigenen positiven Emotionen konzentriert, auf die Steigerung des eigenen Wohlbefindens. Indem der Mensch aber seine »emotionale Seite der Neuroplastizität« fördere und »eine Sensibilität für moralische Gefühle entwickele«, stimuliere er einen neuroplastischen Mechanismus, der zu größerem Optimismus und Glücksempfinden führe.[11]

Wie wichtig die Praxis von Empathie und Mitgefühl ist, gerade wenn Menschen sozial aufsteigen oder bereits oben angekommen sind, zeigen die Studien der amerikanischen Psychologen Paul Piff, Dacher Keltner und Michael Kraus.[12] Sie legten dar, dass Menschen niedrigerer sozialer Klasse nicht nur besser darin seien, die Emotionen ihrer Mitmenschen zu lesen, als ihre wohlhabenderen Mitbürger, sondern auch, dass sie bereit sind, mehr für wohltätige Zwecke zu spenden. Sie reagierten empathischer auf das Schicksal von Krebskranken und allgemein stärker auf Leid und Not. Sie hörten aufmerksamer zu, zeigten sich in Gesprächen engagierter, während wohlhabendere Menschen öfter auf ihr Handy schauten oder rumkritzelten.

In einigen Versuchen manipulierten die Psychologen das Klassenempfinden der Testpersonen. Sie wiesen sie an, sich vor dem Versuch mit einer besonders armen oder reichen Person zu vergleichen. Jene, die durch die Übung das Gefühl erhalten hatten, einer höheren Klasse anzugehören, verhielten sich weniger sozial. Sie nahmen etwa mehr Süßigkeiten aus einem Glas, dessen Inhalt eigentlich für Kinder bestimmt war. Diejenigen, die sich durch die Vorübung als schwächer wahrnahmen, zeigten sich hingegen gemeinschaftsorientierter.

Nähmen sich die Menschen als sozial schwächer wahr, erhöhte das ihre Aufmerksamkeit für ihr Umfeld, folgern die Wissenschaftler. Sei dies doch eine Anpassungsstrategie von Menschen, die sich in einer Umgebung zurechtfinden müssten, die herausfordernder und von größerer Unsicherheit geprägt sei, folgern die Wissenschaftler.

Betrachteten sich Menschen hingegen als sozial

höherstehend, verschiebe sich ihre Wahrnehmung hin zu sich selbst. Schließlich verfügten höhergestellte Menschen über ausreichende Ressourcen und seien weniger angewiesen auf andere. Während ärmere Menschen Ungleichheit eher durch Umstände, etwa fehlende Bildungsmöglichkeiten, erklärten, deuten sie reichere eher als das Ergebnis von Charakter und Veranlagung.

In weiteren Versuchsreihen untersuchten die Wissenschaftler Klasse und ethisches Verhalten. Sie fanden heraus, dass Fahrer von Luxusautos anderen eher die Vorfahrt nahmen und Zebrastreifen ignorierten. Höhergestellte Personen waren auch eher bereit, bei Verhandlungen zu lügen beziehungsweise wichtige Informationen zu verschweigen oder bei einem Spiel zu betrügen. Die Wissenschaftler glauben, dass die relative Unabhängigkeit von anderen dazu führen könnte, dass sich sozial Höhergestellte weniger Gedanken über die Folgen ihres Verhaltens für andere machten. Sie konzentrierten sich eher auf ihr Ziel: die Maximierung des Eigeninteresses.

In einer Welt, in der das Vermögen immer ungleicher verteilt ist, ist das von höchster Brisanz. Laut der jüngsten Vermögensstudie der Allianz sind die Vermögen in der Pandemie auf einen neuen Höchststand gestiegen – sie sind um fast zehn Prozent auf einen Wert von mehr als 200 Billionen Dollar gewachsen. Gleichzeitig hat die Pandemie dem Internationalen Währungsfonds zufolge mehr als 120 Millionen Menschen in die extreme Armut getrieben. Die reichsten zehn Prozent der Weltbevölkerung besitzen inzwischen 84 Prozent aller Vermögen. Gleichzeitig drückten sich die Superreichen laut Oxfam um bis zu 30 Prozent ihrer Steuerschuld.

Vor diesem Hintergrund gewinnt die auf den ersten Blick vielleicht banal wirkende Frage, woher Menschen ihren Kick, ihre Freude, ihre Lustgefühle beziehen, eine hochpolitische Brisanz. Stammt er vor allem vom Rausch des Belohnungszentrums, für den einige Laborratten fast zusammengebrochen wären? Oder werden auch andere Teile des Gehirns trainiert, die eine Freude kultivieren, die auf Empathie und Gemeinwohl zielt? Die zu neuen Formen der Gemeinschaft, des Wirtschaftens, der Politik und Ökologie führen könnte? Eine an die Herausforderungen des 21. Jahrhunderts angepasste *eudaimonia.* Und tatsächlich hat die Welt dieses Umdenken nie mehr benötigt als jetzt vor dem drohenden Klimakollaps.

Die Welt benötigt eine Menge guter Ideen – genau dafür aber seien positive Emotionen besonders hilfreich, sagt die amerikanische Psychologin Barbara Fredrickson, die sich seit Langem dem Studium positiver Emotionen widmet.[13] Ihre Versuche zeigten, dass Menschen mehr wahrnehmen, wenn sie positiv gestimmt sind. Ihr Blickfeld wird weiter, sie haben mehr Ideen, sehen eher das Vereinende als das Trennende. Sie entwickeln mehr Resilienz und Vertrauen.

Positive Emotionen ermöglichten Menschen, kulturelle und ethnische Differenzen zu überwinden und das Individuum zu sehen. Kinder zeigten eine bessere akademische Leistung, wenn man sie bittet, vor einem Test an etwas Schönes zu denken. Menschen schnitten in Kreativitätstests besser ab, wenn man ihnen vorher ein Geschenk überreicht. Ärzte träfen klügere medizinische Entscheidungen, wenn man ihnen vorher ein paar Süßigkeiten schenkt. Verhandler kämen zu besseren Ergebnissen, von denen alle etwas haben.

So gesehen benötigt die Welt ziemlich viel Freude.

Pflanzen

Es ist Dienstagnachmittag, und Herr Hua steht vor der Tür. Unangekündigt wie immer. Trotz seiner fünfzig Jahre ist sein Haar noch fast schwarz, er grinst breit wie die Katze in *Alice im Wunderland*.

»Lange nicht mehr gesehen«, sagt er.

Das stimmt nicht ganz. Er war am Samstag hier und am Mittwoch davor, so wie er ohnehin alle paar Tage bei mir aufkreuzt. Auch sehe ich ihn oft auf der Straße. Herr Hua ist ein Blumen- und Pflanzenhändler, der seine Ware auf der Ladefläche eines motorisierten Dreirads durch die Pekinger Altstadt karrt. Brettert er über das Pflaster, nicken die Pflanzen mit ihren Köpfen. Meist steht er mit seiner Ware am Straßenrand und wartet auf Kundschaft. Wenn das Geschäft nicht läuft, sucht er seine alten Kunden zu Hause auf. Zum Beispiel mich.

»Ah, Herr Hua, wie geht's? Ich stecke leider mitten in einer Abgabe, ich habe wahnsinnig wenig Zeit. Außerdem haben Sie mir schon so viele Pflanzen verkauft, sehen Sie, der ganze Hof ist voll.«

Herr Hua tritt einen Schritt nach vorn und mustert

mit dem durchdringenden Blick eines Gerichtsvollziehers meinen Hof. Triumphierend deutet er in eine Ecke. »Hier ist noch Platz. Wie gemacht für einen Jasminstrauch.«

Herr Hua dreht sich um, zieht im Gehen seine Handschuhe an, wuchtet einen gigantischen Jasminstrauch im Terrakotta-Topf von der Ladefläche seines Gefährts und beginnt, ihn in meinen Hof zu bugsieren. Ich protestiere. »Herr Hua, nein, bitte, ich brauche wirklich keine Pflanzen mehr. Ganz lieben Dank, aber nein.«

Herr Hua schiebt mich sanft beiseite und stellt den Jasmin auf den von ihm bestimmten Platz; dreht ihn hin und her, bis er im richtigen Winkel zwischen den anderen Pflanzen steht. Er zieht die Handschuhe aus und lächelt zufrieden. »Sieht toll aus, oder?«

»Das mag sein, aber ich brauche keine Pflanzen mehr«, erwidere ich kläglich, bereits meine Niederlage erahnend. So ungefähr muss sich ein Kokser fühlen, der aufhören will, bis ihm sein Dealer eine Gratisnase Koks anbietet.

»Er passt wirklich gut hierher«, sagt Herr Hua. »Und er ist äußerst nützlich! Sein Duft vertreibt Moskitos. Ich sehe, die habt ihr hier«, sagt er und deutet siegesgewiss auf den Stich auf meinem Arm.

Der Jasmin nickt mir mit seinen zarten weißen Blüten zu, sein Duft ist betörend. »Ja, gut. Noch dieses eine Mal«, sage ich schwach. Ich kaufe den Jasmin genauso wie den rankenden Wein, den mir Herr Hua eine Woche später ungefragt in den Hof schiebt. (»Eine Weinpflanze schafft Atmosphäre. Später wirst du dir denken: Wie konnte ich nur ohne Wein leben.«) Eine Woche darauf folgt der Zitronenbaum, und danach schleppt Herr Hua unaufgefordert zwei Rosenstöcke in meinen Hof.

Denn Herr Hua hat ja recht. Es vergeht kein Tag, an dem ich mich nicht über meine Pflanzen freuen würde. Sie duften, sind wunderschön, produzieren Sauerstoff, bieten die allerangenehmste Gesellschaft, ohne jemals aufdringlich zu werden. Sie streiten und keifen nicht, vertreten keine unmöglichen politischen Meinungen, sind weder intrigant noch ausbeuterisch. Jede von ihnen hat ihren ganz eigenen Charakter, einen stummen Eigensinn.

Die Leichtigkeit der Magnolie, die Knorrigkeit des Weinstamms, die Bescheidenheit des Strauches mit den kleinen violetten Blüten, dessen Namen ich vergessen habe. Täglich mache ich meine Runde, um sie zu gießen. Ich lerne, wer wie viel Wasser braucht, wem die starke Sonne nichts ausmacht und wer sich einen Platz im Schatten wünscht. Ich freue mich darüber, sie wachsen und gedeihen zu sehen. Eine große, weitgehend anspruchslose Kinderschar. Keiner schreit, trotzt, weint oder bringt mich um den Schlaf. Niemand macht eine schwierige Phase durch oder hindert mich daran, stundenlang zu lesen.

Ich weiß nicht, was aus Herrn Hua geworden ist, doch er hat mir mit sanftem Druck eine neue Welt eröffnet. Noch heute fällt es mir schwer, an einem Pflanzengeschäft vorbeizufahren, ohne einen Topf mitzunehmen. Da ist der Laden des vietnamesischen Ehepaars gleich um die Ecke, das ein Bild von Ho Chi Minh über der Kasse aufgehängt hat und seine neuesten Lieferungen verführerisch auf dem Gehsteig drapiert. Oder das Blumengeschäft auf dem Friedhof, das ich erst spät entdeckte, weil ich fälschlicherweise annahm, dass es auf Friedhöfen nur Trauergestecke zu kaufen gäbe. Als ich das erste Mal dort eintrat, erschütterte mich die Feinheit, mit der die Sträuße komponiert waren, die Eleganz, mit der die Töpfe auf den Regalen angeordnet waren, die Zartheit, die aus jedem noch so winzigen Detail sprach. Als mir das tätowierte Mädchen einen Rosenstock verkaufte, glaubte ich, fast einen Hauch von Traurigkeit darüber zu spüren, dass sie nun einen lieben Freund verlöre, den sie so lange gehegt und gepflegt hatte, bis er in voller Blüte stand.

In seinem wunderbaren Buch des Tees beschreibt der japanische Gelehrte Kakuzo Okakura die Prinzipien der japanischen Blumensteckkunst Ikebana. Sorgfältig wählen die Meister jede Blüte und jeden Zweig in Hinblick auf ihre künstlerische Komposition. Nie würden sie mehr schneiden, als unbedingt nötig wäre. Sie arrangieren eine Blume oder einen Strauch mit äußerster Konzentration, ein Kunstwerk, das einen Ehrenplatz im Haus erhalten wird. Kein anderer Gegenstand wird in der Nähe platziert, denn er könnte die Wirkung stören, es sei denn, es gibt einen besonderen ästhetischen Grund dafür. Verblasst eine Blume, übergibt sie der Meister zärtlich dem Fluss oder vergräbt sie im Boden. Denkmäler wurden zum Andenken an besondere Blumen errichtet. »In Freude und Trauer sind Blumen unsere ständigen Begleiter«, schreibt Okakura. »Wir essen, trinken, singen, tanzen und flirten mit ihnen. Wir heiraten und taufen mit Blumen. Wir wagen es nicht, ohne sie zu sterben.«[1]

Das Schöne ist, dass es keine Behausung gibt, die so klein wäre, dass nicht noch eine winzige Pflanze dort Platz fände. Keinen noch so ausschweifenden oder spartanischen Lebensstil, der sich nicht in Gemeinschaft mit der entsprechenden Pflanze führen ließe – und sei es die anspruchsloseste Kaktee.

Öffne ich die Balkontür, dringt mir der Duft von Lavendel, Rosen und Basilikum in die Nase. Der Wind spielt mit den Blättern. Bienen und Hummeln laben sich an den Blüten gleich Fischen, die an Korallen knabbern. Es ist, als tauchte ich ab – in eine stille, duftende Welt.

Meer

Jeder hat eine andere Geschichte vom Meer. Denn es erzählt jedem etwas anderes: dem Fischer oder der Migrantin, die tagelang in einem Schlauchboot von der lybischen Küste nach Lampedusa treibt, der Meeresbiologin oder dem Maler.

Einmal traf ich in den bolivianischen Anden, 3800 Meter über dem Meeresspiegel, einen Matrosen. Er hatte das Meer noch nie gesehen, und doch sprach er so eindringlich darüber, dass es gleich einer Fata Morgana in der Höhenluft vor meinem inneren Auge entstand. Er sehnte sich so sehr danach, dass es auch mir umgehend so ging.

Manchmal lernt man nicht nur besonders viel über eine Sache von Menschen, die sie besonders gut kennen; sondern auch von jenen, die sie besonders vermissen. Das ist bei der Liebe so, bei der Freiheit. Und auch beim Meer.

Manchmal, erzählt der Matrose Angel Churata Yamani, wenn er mit seinem Patrouillenboot über den Titicacasee gleite, sei er seinem Traum so nahe, dass er glaube, ihn endlich eingeholt zu haben. Genau so, denkt er, muss es sein. Die Gischt, das Salz auf der Haut, das Schreien der Möwen, vor allem aber eine Weite, so groß und ungeheuerlich, dass der Mensch ganz klein darin wird, sich langsam in ihr auflöst. Ein paar Sekunden lang umarmt ihn das Gefühl, und er vergisst den See, der sanft sein Schiff schaukelt, vergisst das Schilfgras, das das Ufer wie fahles Fell bedeckt, vergisst sich selbst, den Matrosen ohne Meer.

Ein Matrose ohne Meer, das ist wie ein Seiltänzer ohne Seil. Immer fehlt etwas. Angel Churata Yamani sagt: »Es bleibt ein Ziehen im Herzen, das sagt: das Meer, das Meer, das Meer.« Seit drei Monaten dient Angel Churata Yamani damals in der bolivianischen Marine. San Pedro de Tiquina, Vierter Marinedistrikt, wichtigster Stützpunkt der bolivianischen Seestreitkräfte am Titicacasee, dem größten See Südamerikas.

700 bolivianische Matrosen bereiten sich auf den großen Moment vor: wieder in See, in die eigene See stechen zu können. Sie üben die Fahrt auf dem Meer, so gut man das auf einem See eben kann. Schon Angel Churata Yamanis Großväter, Neffen und Onkel, sein Vater und Bruder hatten hier gedient, das Meer hat keiner von ihnen je zu Gesicht bekommen. Tagsüber fährt Angel Churata Yamani auf einem Patrouillenboot über den See, nachts schaut er sich Bilder des Meeres im Internet an oder aber jene Karten, auf denen sich Bolivien noch an die Küste schmiegt.

1879 überrannten chilenische Soldaten den bolivianischen Hafen von Antofagasta, erbost darüber, dass Bolivien eine Steuer von zehn Centavos für jeden Zentner Salpeter erheben wollte, der im Küstengebiet abgebaut wurde, und damit gegen eine Abmachung der beiden Länder verstieß. Fünf Jahre lang beschossen und belagerten sie sich, es war ein ungleicher Kampf. Ein paar versprengte bolivianische Soldaten gegen eine gut gerüstete chilenische Armee. Am Ende des Pazifikkriegs hatte Bolivien sein Meer verloren, 400 Kilometer Küste. Die schlimmste von zahlreichen Niederlagen, die das Land hinnehmen musste.

Reich war Bolivien gewesen, hatte mit Potosí die ergiebigste Silbermine des gesamten spanischen Kolonialreichs besessen. Die Reichen ließen selbst die Hufeisen ihrer Pferde mit Silber beschlagen. Gewaltig groß war Bolivien gewesen, reichte vom Amazonas bis zum Pazifik. Bis die Argentinier kamen, 1862, nur 37 Jahre nach der bolivianischen Staatsgründung, und Bolivien 130 000 Quadratkilometer Land abluchsten. Es folgten Brasilien, Chile, erneut Argentinien, Peru, und ganz zum Schluss langte auch noch Paraguay zu. Am Ende war Bolivien nur noch halb so groß wie zuvor. Zerschnitten und verstümmelt.

Am schwersten aber wog der Verlust des Meeres. Ein nationales Trauma. »Es ist das Einzige, was unser Land außer Fußball überhaupt noch eint«, meint der Soziologe Fernando Pacajes. Bolivien rannte, stürzte und sprang durch seine 196-jährige Geschichte. Seit seiner Unabhängigkeit im Jahr 1825 hat das Land mehr als 189 Staatsstreiche erlebt, ob der Machtwechsel von 2019 ein weiterer war, ist umstritten. Das Land ist gespalten zwischen West und Ost, Arm und Reich, Indigenen, Mestizen und Weißen, Linken und Konservativen. Bis der März kommt, der Meeresmonat, und die Behörden die Flagge des Meeres hissen und

Bolivien geeint um das verlorene Meer trauert. Denn an jedem 23. März feiert das Land den Tag des Meeres.

Im ganzen Land spielen sie den Meeresmarsch, Schulkinder singen die Hymne auf das verlorene Meer ein, in den Wohnzimmern branden wieder und wieder wogende Wellen gegen Fernsehbildschirme. Zeitungen rechnen vor, wie viele Milliarden US-Dollar Bolivien verloren habe, indem es Binnenstaat geworden sei. Was hätten wir nicht werden können, wenn noch das Meer an unsere Küsten spülte!, klagt das Land. Wie reich, wie groß und stark hätten wir sein können! Eine ganze Nation verzehrt sich nach dem Meer.

In der Hauptstadt La Paz zieht eine Parade wie ein Bandwurm durch die Straßen. Kadetten werfen ihr Bein im preußischen Stechschritt in die Luft, Mädchen fliegen gleich Funkenmariechen über den Asphalt, vorbei am Präsidenten, der salbungsvoll lächelt, vorbei an der Urne des großen Helden Eduardo Avaroa, die sie wie jedes Jahr auf dem Platz aufgestellt haben. Groß waren die Taten des Helden, nicht weil er siegte, sondern weil er ruhmreich unterging. »Es gibt Niederlagen, so glorreich wie der Sieg selbst«, schreibt der bolivianische Historiker Eduardo Subieta.

Avaroa war ein Freischärler, der ausgezogen war, die Brücke von Topáter zu verteidigen, eine unbedeutende Brücke im Hinterland. Mit einer Handvoll Männern stand er gegen eine hundertfache chilenische Übermacht, bis er, an der Gurgel getroffen, niedersank, nicht ohne den Angreifern jenen Satz entgegenzuschleudern, der ihn ins Pantheon der höchsten Helden befördern sollte: »Mich ergeben? Soll sich doch deine Großmutter ergeben. Verdammt!« Ein unziemlicher Ausdruck, darauf weist Subieta sein Publikum vorsichtshalber hin, so »erhaben er aus dem Mund eines sterbenden Helden auch wirken möge«. Jedes Schulkind hat die Worte auswendig gelernt.

Auch in Tiquina, dem Dorf am Titicacasee, wo der Matrose Angel Churata Yamani dient, findet ein feierlicher Festakt statt. Das ganze Dorf hat sich herausgeputzt. Die Männer tragen Hut, die Frauen glänzende Festtagsröcke, die Dorfschönheit hat sich die Wimpern mit blauer Mascara glasiert. Die Fischverkäuferinnen und Kioskbesitzer, die Gladiolenzüchter und Rentner warten auf ihren großen Moment. Gleich werden sie an der Statue des Helden vorüberschreiten, gemessen der Schritt, gesenkt das Haupt, feierlich wie die Matrosen, die, das Gewehr im Anschlag, breitschultrig die staubigen Gassen des Dorfes entlangmarschieren, unter ihnen auch Angel Churata Yamani.

Später erzählte er, dass ihm fast die Tränen gekommen seien, als er mit seinen Kameraden vor der Statue Avaroas stand und salutierte. Der Tag des Meeres, das sei für ihn eine höchst emotionale Angelegenheit, fast wie der Muttertag, »ein Gefühl, so schön und weit«. Doch er ließ sich nichts anmerken, stand stramm und schaute entschlossen, während sie den Marsch des Meeres spielten. Hinter ihm glitzerte der See.

Der Blick

Er fährt Bus, ich sitze im Taxi. Vor einer Ampel fangen sich unsere Blicke, beginnen ihr Spiel. Dunkel sind seine Augen, ich beginne, mich in ihnen zu verlieren, da trägt der Verkehr sie weg. Sie verschwinden hinter Hupen und Brausen, den langen Kolonnen der Karosserien. Rot, gelb und blau, Stoßstange an Stoßstange, Auto hinter Auto. Ich strecke mich, halte Ausschau, vergeblich; gebe ihn bereits verloren, da taucht er an einer Ampel wieder auf. Ich kann die Freude in seinen Augen sehen, nur einen Augenblick lang, da reißt sie schon der anfahrende Verkehr mit, Auspuffe, Abgase, ein Pkw, ein Bus, wieder eine Ampel, sein Gesicht, das kurz darauf im Autogedränge verschwindet.

Mit jedem Mal, das ich ihn wiedersehe, erscheint er mir schöner. Mit jedem Mal wächst unsere Freude, doch sie währt nur einen kurzen Moment. Die Jagd durch den Verkehr, das Auf- und Wiederabtauchen, das Drama des Abschieds und Wiedersehens, es ist, als hätten wir Jahrzehnte in dieser kurzen Begegnung komprimiert. Eine Saga von Dr.-Schiwago-haften

Ausmaßen. Nur dass uns nicht die Weltpolitik trennt, sondern eine Laune des Verkehrs. Und weil sie unser Spiel bestimmen, werden die Straßen und Ampeln, die Staus und Überholmanöver, der flüssige, zäh fließende und stockende Verkehr mit einem Mal so viel aufregender als sonst.

Dann biegt mein Taxi ab. Und die Straße verwandelt sich zurück in eine Straße, die Ampeln sind nur mehr schnöde Ampeln, der Stau nervt. Gleichförmig, gleichmütig, gleichgültig fließt der Verkehr vor sich hin.

Weite

Manchmal, wenn das Auto durch die Nacht gleitet und die Neonlichter blinken: Iss mich, kauf mich, begehr mich! Menschen ziehen vorbei, so viele, tauchen auf und sind schon wieder weg, kaum hat man begonnen, in ihren Gesichtern zu lesen. Wenn es ringsum hupt und tost und braust und die Stadt sich zu drehen beginnt wie ein Karussell – dann ist sie plötzlich da: die Sehnsucht nach Weite.

Aufstehen, vor die Tür treten, von Weite umarmt werden. Mongolisches Grasland. Hügel, so weich, als wären sie mit Samt bespannt. Ein paar verstreute Gers, weiß und leicht scheinen sie über die Ebene zu treiben wie Segelschiffe an einem Sommertag. Ein kleiner Bach plätschert vorbei, umstanden von weit ausladenden Bäumen. Tiere grasen, ganz frei und ohne Zaun, Yaks und Pferde, Schafe und Ziegen.

Nie zuvor habe ich so viele Varianten von Gras gesehen: gelbes, stoppeliges Steppengras, frisches Almengras, kobaltgrünes Sumpfgras, Sommerwiesengras. Es duftet nach Kräutern und Zitronenmelisse, am Morgen riecht es anders als in der Mittagshitze.

Das Gras ernährt zottelige Yaks und blökende Schafe. Pferdeherden traben vorüber. Erdmännchenartige Tiere wittern auf ihren Hinterbeinen, um dann in Windeseile in ihren Löchern zu verschwinden. Gewaltige Grashüpfer schwirren durch die Luft, grüne, braune, gelbe und die roten, die ein lautes Klackern von sich geben.

Jungen treiben Pferde ins Gatter. Prächtige Tiere, langmähnig und kräftig, glänzend das Fell. Einer der Jungs schwingt sich auf ein Pferd, das noch nie einen Reiter trug, es bäumt sich auf, wiehert, rast über die Ebene hinweg, es will ihn abwerfen, er aber krallt sich an dessen Leib fest und lacht. Staub wirbelt auf, es ist ein Teufelstanz.

Der Abend malt riesige Schatten aufs Gras, Yakschatten, Kuhschatten, Pferdeschatten, hüllt die Ebene in Dämmerung, lässt die Bergkuppen ein letztes Mal erstrahlen. So weit der Himmel. Er gibt nicht ein Schauspiel, er gibt gleich vier davon. Im Osten sind die Wolken schwer vom Regen, im Süden tanzen sie lichttrunken. Im Norden ziehen sie wie eine mächtige Flotte über das Himmelsmeer, der Westen probt schon mal das Abendrot. Süchtig werden könnte man nach diesem Licht, golden und weich, in dem die Dinge so leicht scheinen, als könnten sie schweben. Kinder kreisen mit weit ausgestreckten Armen über das Grasland, Ziegen klettern aufs Feuerholz, ein Zweijähriger läuft in einem rollenden Laufstall über das Gras.

Am folgenden Abend kommt der Sturm. Man sieht ihn schon von Weitem aufziehen. Er peitscht über die Ebene, jagt die Pferde vor sich her, mit wehenden

Mähnen galoppieren sie davon. Er reißt an den Zelten, braut schwere Gewitterwolken zusammen, das Ende der Welt scheint nah. Doch so schnell der Sturm gekommen ist, so schnell ist er wieder vorbei. Zurück bleibt ein Regenbogen. Genau dort, wo er auf den Boden trifft, weidet eine Kuh. Und wahrscheinlich kackt sie in diesem Moment einen Topf pures Gold.

In der Nacht kuscheln wir uns in Schlafsäcken auf den Boden unseres Gers. Im Ger herrscht eine eigene Etikette. Man stoße sich beim Eintreten nicht den Kopf am Türrahmen, das bringt Unglück. Genauso wie im Zelt zu pfeifen. Man laufe stets im Uhrzeigersinn, lehne sich nicht an die tragenden Pfosten; spiele nicht mit dem Feuer, das Feuer ist heilig. Man nehme alles, was einem gereicht wird, mit beiden Händen an, zumindest aber mit der rechten, während die linke den Ellbogen stützt.

Der Wind rüttelt am Zelt, das Holz knackt im Ofen. Ein Ger ist eine wunderbare Welt. Schließt man die Luke, durch die der Rauch des Herds abzieht, ist es drinnen dunkel und gemütlich wie in einer Höhle. Öffnet man sie aber, wird alles licht und leicht. Ich erwache vom Zirpen der Grillen, die Sonne scheint auf mein Gesicht. Wir reiten los. Ich schwinge mich auf einen mongolischen Holzsattel. Man hat mich gewarnt, aber ich will es ausprobieren. Dumme, äußerst dumme Idee.

Ich habe einen kräftigen kleinen Schimmelwallach, mein Herz klopft in Erwartung wilden Galopps. Der Wallach sieht das offensichtlich anders. Was immer ich anstelle: Er trabt. Langsamer Trab, schneller Trab, sehr schneller Trab. Wir traben die Hügel hinauf, zu einer Reihe weißer Stupas, die wir im Uhrzeigersinn dreimal zu Pferd umkreisen, die mongolische Art des Betens. Dann traben wir und traben, über Stunden hinweg, weiß der Himmel, woher diese kleinen Pferde die Energie nehmen.

Den Galopptraum hab ich längst aufgegeben, als wir den Gipfel des Berges erreichen. Unter uns breiten sich Wald und Ebene aus. Und mit einem Mal spannt sich der Rücken meines Pferdes, wir galoppieren, jagen über den Hügel hinweg und in den Wald hinein. Die Nomadenjungs an meiner Seite singen und pfeifen, auf dass die Pferde noch schneller laufen. Der Wind saust um meine Ohren, der Hintern, vom Holzsattel aufgerieben, brennt wie Feuer, doch das ist egal. Fliegen.

Als wir das Ger erreichen, hat der Schmerz aufgeholt. Der Hintern ist blutig geritten, die Schenkel schmerzen nach Tagen Dauertrab, der Rücken ist nach den Nächten auf dem Boden und auf harten Betten ebenfalls lädiert. Wir wandern zu einem Fluss in der Ebene, an dessen Ufer Schafe grasen. In der Ferne ein lichter Wald, die nächsten Gers liegen Kilometer entfernt. Wir baden im eiskalten Wasser, Duschen gibt es im Grasland nicht. Wir bekommen einen völlig grundlosen Lachanfall. Kichern wie verrückt, möglich, dass uns all das Grün den Verstand geraubt hat. Unser grundlos berauschter Zustand wird am Abend vom selbst gebrannten Wodka befeuert, den uns unser Gastgeber serviert, ein leutseliger Mann, der alle drei Minuten fröhlich und meist völlig ohne Anlass »Merci, merci, merci« singt.

Unter seinen begeisterten Rufen verköstigen wir den Wodka, der noch immer nach dem Joghurt schmeckt, aus dem er gewonnen wird. Nachts hören wir die Hunde bellen, sie sind außer Rand und Band. Wahrscheinlich ein Wolf, sagt unser Gastgeber. Und erzählt mit großen Gesten vom Überleben im Grasland. Von den Wölfen, die Schafe reißen, den Bussarden, die ihnen die Augen auspicken, vom Zud, der extremen Winterkälte, die das Vieh dahinrafft. Wie es wohl wäre, für immer hier zu leben? Schon im Juli sind die Nächte im Zelt frisch, den Dezember möchte ich mir gar nicht ausmalen.

An unserem letzten Abend im Grasland schauen wir in den Himmel, stundenlang. Trinken das Blau. Wandern mit den Wolken. Wir werden nicht müde davon, alle paar Minuten wandelt er sich. Er zieht alle Register. Baut Wolkentürme auf, um sie gleich danach wieder aufzulösen, lässt Federwolken, Wattewolken, Regenwolken aufmarschieren. Zeigt sich in seinen verschwenderischsten Sonnenuntergangsfarben.

Die alten Mongolen beteten den Himmel an, jetzt weiß ich, warum. Denn bei allem, was gut ist: Der Himmel ist das Beste.

Auf dem Dach sitzen

Abends sitzen wir Kinder auf dem Dach des Bungalows, das sich in der Mitte der Siedlung erhebt. Der Bungalow ist nicht sehr hoch, und doch glauben wir die Höhenluft zu spüren. Der Himmel wirkt hier so viel weiter und näher. Keiner sieht uns, wir aber sehen alle. Wir haben einen geheimen Ort der Freiheit entdeckt. Wann immer wir etwas Wichtiges zu besprechen haben, ziehen wir uns hierher zurück.

Wir sitzen mit dem Rücken an den Schornstein gelehnt und naschen aus der Tüte Süßsaures, die wir uns beim Kiosk geholt haben; beobachten die Nachbarn, die von der Arbeit heimkommen, ihre Autos abschließen, die merkwürdigen Rituale der Erwachsenenwelt vollziehen. Wir verstehen sie nicht. Warum setzen sie sich acht Stunden in ein Büro, ohne etwas Vernünftiges zu tun – also eine Katze zu streicheln, Ball zu spielen oder über einen Bach zu hüpfen? Warum verstehen sie so wenig vom guten Leben?

Wenn Erwachsene in ihrer Freizeit zusammenkommen, setzen sie sich vor ihre Gläser und labern, keiner hat Spielzeug dabei, niemand bewegt sich, es sieht todlangweilig aus. In der Zeit, in der sie ein Glas austrinken, sind wir fünfmal um den Block gerannt, haben unsere Lieblingshunde besucht, Marienkäfer über unsere Hände laufen lassen und ein neues Geheimversteck entdeckt.

Erwachsene sind einfach schrecklich behäbig. Sie rennen fast nie, und wenn, dann ziehen sie vorher alberne Sportklamotten und Schweißbändchen an, machen ein Riesengewese darum, dass sie mal eben um den Block laufen. Sie tun uns ein bisschen leid. Manchmal schwören wir uns auf dem Dach, nie so zu werden.

Auf dem Dach sind wir frei. Wir klettern von Bungalow zu Bungalow, malen uns aus, was die Nachbarn da unten machen, die gar nicht ahnen, dass wir über ihre Köpfe schleichen. Wir stellen uns eine Stadt vor, in der man kilometerweit über die Dächer laufen kann. Eine Stadt der Brücken, die von Haus zu Haus reichen, der Dachpools, Seilbahnen und Wasserrutschen. Eine Welt über der Welt mit Trampolinen, Rollschuhbahnen, Schaukeln und Hängematten, in denen man liegt und in die Sterne schaut. Ein Reich voller Musik und Tanz, überall stehen Farbeimer, um Wände, Schaukeln und Boden zu bemalen. Dachgärten gibt es hier oben und Tiere, die über die Dächer hüpfen, Vögel, Schmetterlinge und Bienen, die uns hier oben besuchen kommen.

Jetzt rufen uns unsere Mütter. Abendessen. Wir lassen kostbare Momente verstreichen, genießen die letzten Augenblicke der Freiheit. Bloß nicht antworten, keiner darf wissen, wo wir sind. Wenn sie um die Ecke laufen, um uns zu suchen, werden wir über den

Stromkasten absteigen und so tun, als wären wir aus einem ganz anderen Winkel der Siedlung gekommen. Nichts werden wir sagen, niemals. Wenn sie fragen, was wir gespielt hätten, werden wir Unbestimmtes antworten.

Wir grinsen uns an, mein Freund und ich. Das Grinsen wird breiter. Wir kosten den Moment bis zum Letzten aus. Los, flüstert er. Und wir springen hinunter.

Moos

Moos weckt meinen Beschützerinstinkt. Wann immer ich Moos entdecke, grün, weich, ausgesetzt wie ein wehrloses Tier, möchte ich über sein Moosfell streicheln. Wundersames Moos. Wie viele Arten es davon gibt, wie es die Schritte dämpft, federt, atmet, einen durch den Wald trägt, der erst durch Moos, Lianen und Farne zu einem wirklichen Wald wird – dem Gegenstück des Forstwalds, in dem die Fichten stehen wie Zinnsoldaten. Einst gab es bei uns Urwälder, wild und wuchernd, in denen junge Triebe aus Totholz wachsen durften; Wälder, die flüsterten, raunten und erzählten, in denen Trolle, Kobolde und Waldgeister hausten. Wann immer man das Glück hat, noch einen solchen Wald zu finden, in den Bergen etwa, wird man dort viel Moos ausmachen.

Einst sah ich einem Moosgärtner in einem verwunschenen Tempel in Kyoto zu. Es war ein wunderbares kleines Holzbauwerk, das sich in einem lichten Wald verbarg. Bäche glucksten, Vögel zwitscherten, die Schritte vibrierten unter dem weichen Waldboden, am liebsten wäre ich hochgesprungen, doch ich wollte den Gärtner und sein Moos nicht erschrecken.

Er war ein älterer Herr, der einen Arbeitsanzug trug und völlig in seiner Aufgabe versunken war. Er hegte und pflegte das Moos mit einer Hingabe, die mich fast erschütterte. Er bemerkte mich nicht. Ich sah ihm lange zu, und so wie er in seiner Aufgabe aufging, ging ich darin auf, ihm zuzusehen. Ich hatte das Gefühl, einen glücklichen Menschen zu beobachten. Vielleicht waren die Umstände seines Lebens außerhalb dieses Waldes tragisch, vielleicht hatte er geliebte Menschen verloren oder litt an einer Krankheit, in diesem Moment aber, bei seinem Moos, wirkte er mit sich im Reinen.

Auf meinen Reisen nach Japan erlebte ich öfter Momente wie diesen, Details, die eine unbedingte Liebe zur Natur offenbarten. Einmal kam ich nachts im April mit dem Zug in Tokio an und lief zu meinem Hotel. Es war der Moment der Kirschblüte. Mein Weg war von Kirschbäumen gesäumt. In dieser Nacht regneten die Blüten auf den Asphalt herunter. Kleine, unendlich zerbrechliche Wesen, die durch die Nacht schwebten und das Licht der Straßenlaternen fingen. Neben mir liefen Geschäftsmänner, die gerade erst von der Arbeit kamen. Sie wirkten erschöpft von den Überstunden, starr geradeaus schauend schleppten sie sich heim. Nun aber blieben sie stehen. In ihren Gesichtern, die eben noch ausgebrannt gewirkt hatten, lag Staunen. Fassungslos schauten sie auf die Schönheit um sich herum.

Ein anderes Mal stolperte ich mitten in einem großen Bürogebäude über einen winzigen, liebevoll gepflegten Dachgarten. Dann wieder fiel mir die besondere Sorgfalt auf, mit der jemand seine Blumentöpfe vor sein Häuschen gestellt hatte. Nach der Arbeit saß ich oft mit Keiko zusammen, meiner Übersetzerin. Sie kannte wunderbare Restaurants, in denen man göttliches Sashimi für wenig Geld bekommen konnte. Wir lachten, plauderten, tranken Bier und aßen Edamame-Bohnen. Eines Abends erzählte sie mir ganz unvermittelt von dem Baum, dem Hügel und dem Bach im Park hinter ihrer Wohnung in Tokio.

Nie zuvor hatte sich jemand die Mühe gemacht, mir im Detail einen Baum zu schildern, den er auf seinen täglichen Spaziergängen sah. Keiko aber sprach darüber, als wäre es bedeutend für ihr Leben. Sie schilderte ausführlich sein Aussehen, seine Besonderheiten und seinen Wandel mit den Jahreszeiten. Sie sprach mit einer solchen Vertrautheit darüber, als beschriebe sie ein Mitglied ihrer Familie. Dieser Ort, sagte sie, sei für sie beseelt, und sie wünsche, eines Tages mit dieser Seele vereint zu sein. »Wenn ich sterbe«, sagte sie, »will ich, dass meine Asche bei diesem Baum, diesem Hügel und diesem Bach verstreut wird.«

In der frühen Shinto-Tradition, der ursprünglichen Religion Japans, beleben Götter das Universum. Berge, Flüsse und Strände sind von göttlicher Natur. Noch heute verehrt man besondere Steine, von Wind und Wetter gezeichnete Bäume, Orte und Pflanzen, die sich durch einen besonderen Charakter auszeichnen. »So wie die Menschen hat auch die Natur eine Seele, und sie zittert und jubelt mit den Jahreszeiten«, schreibt der italienische Japanwissenschaftler Gian

Carlo Calza. »Sie hat eine eigene Vitalität und Spiritualität.«[1]

Ein Fels, ein mächtiger Baum, ein Wasserfall – sie alle werden im Shinto mit Bedeutung aufgeladen, denn in ihnen erkenne der Mensch die göttliche Kraft, die auch ihn erschaffen habe. Sie sind geeignet, um den Dialog mit dem Göttlichen zu führen. Der Buddhismus, der seit dem 6. Jahrhundert von China nach Japan gelangte und sich in China mit dem einheimischen Daoismus vermengt hatte, verwob sich in Japan mit dem Schintoismus. Die Beziehung zur Natur wurde dadurch noch verstärkt. Zen stellt sich gegen alle Arten des Dogmatismus und strebt nach der Erkundung der inneren Welt. Leere und Stille sind von großer Bedeutung, denn erst sie ermöglichen die Innenschau. In der Malerei stehen Leere und Nebel oft für diese Form der Offenheit, schreibt Calza, des inneren Zuhörens, der Aufmerksamkeit, des Erwachens.

Die intime Verbindung zur Natur zeigt sich auch in der Architektur. Lange bevor der amerikanische Architekt Frank Lloyd Wright sein Fallingwater House baute und damit die organische Architektur begründete, suchten japanische Baumeister die Verbindung zur Natur. Ein Haus soll keine Grenze zwischen dem Reich der Menschen und dem der Natur darstellen, es ist lediglich ein Unterschlupf, ein Ort der Reflexion, in dem sich die Gefühle, die der innigen Verbindung mit der Natur entspringen, destillieren, schreibt Calza.

Herzstück vieler Tempel ist der Ausblick auf einen sorgsam gepflegten Garten, ein Stück Wald, einen

Wasserfall. Wer hier sitzt und meditiert, wird Tag für Tag den Wandel der Natur erleben, das Werden und Vergehen, die Vergänglichkeit. Ein traditionelles Haus ändert sich mit den Jahreszeiten, die inneren und äußeren Trennwände werden verschoben, sodass sie die umgebende Natur auf eine andere Weise rahmen werden. Natur und Architektur verschmelzen. Jeder Mensch, sagt Prinz Genji in Murasaki Shikibus Klassiker aus dem 11. Jahrhundert *Die Geschichte des Prinzen Genji,* werde mit einer bestimmten Jahreszeit geboren und ihr sein Leben lang treu bleiben.

Vorsichtig löste ich mich aus der Erstarrung, aus der ich den Moosgärtner betrachtet hatte. Langsam, sachte, damit ich ihn nicht störte, ging ich weiter. Mein Schritt federte auf dem weichen Waldboden. Beim Rausgehen aus dem Tempel strich ich sanft über ein Stück Moos, das am Türrahmen wuchs.

Speed

Mein Fahrer ist wahnsinnig, völlig verrückt, wie übrigens die meisten Boda-Boda-Chauffeure – so nennt man die Motorradtaxis in Nairobi, Kenia. Sie kennen keine Angst, durch ihre Adern fließt pures Adrenalin, täglich spielen sie auf den Straßen russisches Roulette. Dutzende Male sind sie am Tod vorbeigeschrammt, den Feinstaub haben sie kiloweise eingeatmet. Sie wurden durch den Umgang mit korrupten Verkehrspolizisten gestählt und sind durch das Purgatorium stundenlanger Staus gegangen. Cowboys der Straße, verdammt, wer ihre Dienstleistungen in Anspruch nimmt, und doch sind sie die Einzigen, die sich durch den mörderischen Verkehr der Stadt zu schlängeln vermögen und eine Eilige dadurch einigermaßen pünktlich zu einem dringenden Termin bringen können.

Überall in Nairobi stehen sie am Wegesrand, man erkennt sie an ihren orangefarbenen Westen. Mein Fahrer ist ein junger Mann mit melancholischem Blick. Wir einigen uns auf den Preis, er reicht mir den Helm und fährt röhrend los, kaum dass ich mich auf den Ledersitz geschwungen habe. Er jagt durch Nairobi, nimmt Abkürzungen durch Hinterhöfe, legt sich waghalsig in die Kurven, lässt sich auf jedes noch so abwegige Überholmanöver ein. Er beschleunigt, zieht auf den Mittelstreifen, kreuzt auf die Gegenspur und wieder zurück, umrundet die vor uns fahrenden Autos wie Kegelfiguren. Er rast über eine Brücke, springt mit seinem Motorrad auf den Bürgersteig, schlängelt sich an den Passanten vorbei, kreuzt zurück auf die Straße, brettert über Gullys, Schlaglöcher und Pfützen, jagt auf eine Stadtautobahn.

»Langsam!«, schreie ich gegen den Fahrtwind.

»Ich bin doch ganz langsam!«, schreit er zurück. Und beschleunigt.

Wir rasen einen Hügel hinauf, unter uns breitet sich die Stadt aus, Hochhäuser, Antennen, Funktürme, Parks, Neonlichter. Schwerelos scheinen sie im Abendlicht zu schweben. Der Verkehr zieht gleich einer Armee von Glühwürmchen vorbei. Wir brettern den Hügel hinunter, werden immer schneller, die Stadt fliegt unter uns hinweg, es ist großartig und wahnsinnig zugleich, wahrscheinlich werden wir sterben, denke ich, jetzt ist es vorbei, und ich umarme ein letztes Mal die Welt, die Nacht, das Leben, alles, was war und sein wird. Und ich denke nur ein Wort, denn es ist das Letzte, was ich am Ende sagen will: danke. Die Euphorie färbt alles in Freude. Der Himmel ist weit, ein letztes rotes Strahlen, bevor ihn die Nacht verschluckt. Und wir fliegen die Straße hinunter. Und sterben nicht.

Eisschollen

Wir sind Stunden gewandert an diesem Tag im Februar; sind durch Wälder gezogen, die Hügel hinauf und hinab, durch die kargbraune Landschaft des Winters, bis wir am Ufer des breiten Flusses standen. Die Nachmittagssonne taucht das Ufer in warmes Licht. Zum ersten Mal in diesem Jahr liegt eine vage Vorahnung des Frühlings in der Luft. Wir halten die Gesichter in die Sonne, trinken die Wärme, die wir so lange vermisst haben.

Hinter uns liegen Monate der Dunkelheit und Kälte, der hochgeschlagenen Manteljacken, des Bibberns, der Nässe, der Vormittage, an denen die Sonne einfach nicht aufgehen wollte, und der frühen Nachmittage, an denen sie sich bereits wieder trollte. Monate der nassen menschenleeren Straßen, gesichtslosen Fassaden und dampfenden U-Bahn-Schächte, der Passanten, die frierend ins graue Nichts starren.

Jetzt stehen wir da, ganz still, wie verzaubert. Schilf bewegt sich sanft im Wind, Vögel ziehen vorbei, Kinder spielen am Ufer. Die letzten Eisschollen treiben im Wasser. Im Sonnenlicht glitzert ihre

Struktur, kleine filigrane Schächte aus Eis, wie von Feenhand gefertigt, kostbar wie Kleinode. Ein Haus möchte man daraus bauen, fein, leicht, von Frühlingslicht geflutet. Ein Boot fährt vorbei, die Wellen, die es aufwirft, breiten sich bis ans Ufer aus, setzen die Eisschollen in Bewegung, die nun ein zartes Klingen von sich geben. Nie zuvor hat man ein Geräusch wie dieses gehört. Es ist betörend, als würden sie mit zarten Stimmen singen.

Das Nachmittagslicht streicht über das Wasser. Mit einem Mal wirkt die Welt so zart, durchscheinend, als würde etwas unendlich Fragiles, noch Schüchternes langsam hervortreten, als wäre es sich noch nicht sicher, ob sein Moment bereits gekommen sei.

Morgen wird alles vorüber sein, dann werden die Eisschollen geschmolzen sein. Der Zauber währt nur jetzt, einen kurzen Moment, und er strahlt umso heller, weil er vergänglich ist.

Flanieren

Es liegt ein Zauber in den Straßen. Es ruht ein Geheimnis in den Toreinfahrten. Es wartet ein Versprechen an jeder Kreuzung. Die Flaneurin hat kein festes Ziel oder die Absicht, irgendwo anzukommen; lässt sich treiben wie ein Stück Papier, das von einem Windstoß getragen durch die Gassen tanzt. Sie segelt durch Cafés, flattert am Ufer entlang, verliert sich in der Weite der Plätze. Alles ist gleich gut, solange man weder das Pittoreske noch das Typische sucht. Sie biegt nach links, einfach weil es der Dackel vor ihr tat; folgt einem Geruch, einer Eingebung, einem unsichtbaren Muster auf dem Asphalt. Die Stadt um sie herum verändert sich, die Hipstercafés weichen den Handyläden, die Designerlampen den Spitzenvorhängen, die veganen Eismanufakturen dem Laden, der bereits seit Jahrzehnten »Zur Pfennig-Eisdiele« heißt. Es zieht die Flaneurin weiter, weiter, immer weiter.

Der große Flaneur Walter Benjamin, der 1892 in Berlin geboren wurde und 1933 als säkularisierter Jude ins Pariser Exil floh, schrieb: »Ein Rausch kommt über den, der lange ohne Ziel durch die Straßen marschierte. Das Gehn gewinnt mit jedem Schritt wachsende Gewalt; immer geringer werden die Verführungen der Läden, der Bistros, der lächelnden Frauen, immer unwiderstehlicher der Magnetismus der nächsten Straßenecke.«[1] Er selbst habe die Kunst des Flanierens erst spät erlernt, schreibt er. »Sich in einer Stadt nicht zurechtzufinden, heißt nicht viel. In einer Stadt sich aber zu verirren, wie man in einem Walde sich verirrt, braucht Schulung.«[2] Da müssten Straßennamen zu dem Irrenden sprechen wie das Knacken trockener Reiser.

Flanieren galt damals wie heute als ein Akt der Rebellion gegen eine irrwitzige Beschleunigung. 1839, schreibt Benjamin, war es in Paris »elegant, beim Promenieren eine Schildkröte mit sich zu führen«[3]. Sie diktierte dem Spaziergänger das Tempo – in einer Epoche, die sich einem wahren Geschwindigkeitsrausch hingab.

Als im Jahr 1837 zwischen den sächsischen Städten Leipzig und Althen die erste dampfbetriebene Eisenbahn ihren Betrieb aufnahm, wurde ihr Tempo als derart wahnwitzig empfunden, dass ein neuer Krankheitstyp die Mediziner beschäftigte: die Eisenbahnkrankheit. Auch den Start der ersten elektrischen Straßenbahn der Welt 1881 in Lichterfelde beobachteten viele Menschen mit Sorge, schreibt die Journalistin und Historikerin Ulrike Moser. Biologen warnten vor magnetischen Feldern, die negativen Einfluss auf die menschlichen Körpersäfte nähmen. Tierschützer sagten ein Massensterben unter Vögeln voraus.

Das einst eher provinzielle Berlin wurde mit einem

Mal zu einer tosenden, rauschenden Großstadt, einem fordernden Schlangenwerder. Die Zeitgenossen wussten selbst nicht so recht, wie ihnen geschah. »Sähe ein Unbeteiligter, Ruhiger von irgendwoher hinein in dieses unablässige Rollen, Tuten, Drängen, Rufen, Scharren, Klingeln, in dieses Vorwärtsschieben und Umherwimmeln«, notiert ein Beobachter, »es müsste ihm vorkommen, als jage ein böser Dämon alle diese Menschen dort im Kreis umher.«[4]

Industrialisierung, Technologisierung und Urbanisierung verlangten den Menschen ein völlig neues Zeitempfinden ab. Mit einem Mal wurde die Zeit, die zuvor gemächlich verstreichen durfte, zerteilt, zerhackt, zerstückelt. Die Abläufe der Fabrik diktierten ein ganz neues Arbeiten. Großstädter hatten sich an Fahrpläne und Stechuhren zu halten. Vor allem aber mussten sie lernen, miteinander auszukommen.

In einer Stadt wie Berlin explodierten Ende des 19. Jahrhunderts die Bevölkerungszahlen. »Kaum irgendwo in der Welt wohnt man so dicht, es ist, als ob nicht für Menschen Unterkunft geschaffen werden sollte, sondern für Maulwürfe«, ist in der Zeitung *Die Zukunft* zu lesen.[5] Der sozialdemokratische Abgeordneten Albert Südekum urteilt: »Man kann einen Menschen mit einer Wohnung geradesogut töten wie mit einer Axt.«[6]

Die Großstadt erzog ihre Bewohner, schreibt der Journalist Jens Bisky in seinem Buch über Berlin. »Es miteinander auszuhalten und halbwegs friedlich aneinander vorbeizukommen, erforderte Stresskompetenz, Reaktionsschnelligkeit, Konfliktvermeidungsroutinen. Schlagfertigkeit, Schnoddrigkeit, die

Mischung aus demonstrativer Unbeeindruckbarkeit und bloß verbaler Aggression.«[7]

Meyers Konversations-Lexikon attestiert den Berlinern denn auch »ein keckes, dreistes Auftreten«.[8] »Der Parvenü der Großstädte und die Großstadt der Parvenüs«, spottet der Industrielle, Schriftsteller und Politiker Walther Rathenau.[9] Nervosität und Überregung gelten als typische Krankheiten der Großstadt. Gleichzeitig bieten die neu entstehenden Großstädte ein großartiges Terrain der Entdeckungen und Begegnungen. In rasendem Tempo wachsen urbane Landschaften, neue Gruppen von Menschen erobern neue Viertel. Und erst die Urbanisierung bringt die Figur hervor, die diesen seismografischen Veränderungen nachspürt, den Flaneur.

Als literarischer Typus entstammt er dem Frankreich des 19. Jahrhunderts, vor allem Paris, man trifft ihn etwa in den Gedichten Charles Baudelaires. Er ist ein intimer Kenner der Straßen und Entdecker der Stadt, ein Urbanist und Müßiggänger, ein Beobachter und Seismograf seiner Zeit. Walter Benjamin widmet dieser Figur sein intellektuelles Interesse. In der Folge wird sie für unzählige Schriftsteller, Künstler, Wissenschaftler, Architekten und Journalisten zum Symbol, zum Archetyp einer modernen städtischen Existenz.

Und doch erstaunt es bei einer so großen Kulturtechnik wie dem Flanieren nicht, dass sie verschiedene Disziplinen kennt. Den sozialen Spaziergang etwa, den der Schriftsteller und Bürgerrechtler James Weldon Johnson in seinem Buch *Black Manhattan* beschreibt. Der New Yorker Stadtteil, in dem er lebt, wird in den Zwanzigerjahren des vergangenen Jahrhunderts zur Black Metropolis, dem »Mekka« für den New Negro, wie ein 1925 von dem Philosophen Alain LeRoy Locke herausgegebener Sammelband heißt. »Lieber Tellerwäscher in New York als Leiter einer Highschool in Kansas City« ist ein geflügeltes Wort, dem in den Zwanzigern Tausende folgen. Unter ihnen sind viele Afroamerikaner aus dem Süden der USA, die vor Lynchmorden, Gewalt und Rassismus fliehen. Sie suchen ein Auskommen in den industriellen Zentren des Nordens, in denen aufgrund des Ersten Weltkriegs dringend Arbeitskräfte gesucht werden.

Auf den Straßen drängen sich Afroamerikaner, Jamaikaner, Kubaner, Haitianer, Menschen von den Bahamas und Curaçao. Ein Spaziergang, schreibt Johnson, wird hier schnell zum Abenteuer. »Man zieht seine besten Kleider an, um sich die Zeit genüsslich mit Freunden, Bekannten und – am wichtigsten – den Fremden zu vertreiben, die man mit Sicherheit kennenlernen wird. Man schlendert, wechselt ein Wort mit dem einen, plaudert mit dem anderen, bis man eine lachende schwatzende Gruppe erreicht. Man stellt sich dazu, beteiligt sich an den Scherzen, der Plauderei und den Gerüchten, lernt neue Leute kennen.«[10]

Vielleicht begegnet der Flaneur dem Barfußpropheten, einem riesigen Mann mit wallendem Haar und weißem Bart, der winters wie sommers durch das Viertel zieht, um die frohe Botschaft zu verkünden. Oder der Unternehmerin Lilian Harris, die einst gekochte Schweinefüße aus einer Waschschüssel verkaufte und darüber zu einer steinreichen Immobilieninvestorin wurde. Vielleicht stolpert die Flaneurin in eine der prächtigen Paraden des Jamaikaners Marcus Garvey, des »schwarzen Moses«, der einen schwarzen Nationalismus predigt und Schwarze zurück nach Afrika bringen will.

Harlem birst zu jener Zeit, der sogenannten Harlem Renaissance, vor Kreativität und schillernden Charakteren. Da ist W. E. B. Du Bois, der eminenteste Bürgerrechtler jener Zeit, da sind Poeten wie Langston Hughes, Maler, Bildhauer und Musiker. Bessie Smith, Louis Armstrong oder Duke Ellington spielen hier, eine damals noch unbekannte Josephine Baker lässt ihre Beine fliegen. In den Speakeasies fließt trotz Prohibition der Alkohol. Fast jede Woche wird hier ein neuer Tanzschritt erfunden, der Swing, Charleston und Lindy Hop, Black Bottom, Truckin' und Snakehips. Das Jazz Age ist angebrochen, und nirgends swingt es mehr als hier.

Die Mieten sind schon damals horrend, die Bewohner versuchen, sie mit sogenannten Rent-Partys zu finanzieren. Man schmeißt eine Party bei sich zu Hause und verlangt Eintrittsgeld von den Gästen, die dafür ein Abendessen und Livemusik geboten bekommen, Karten spielen und tanzen dürfen. Mancher engagiert zur Sicherheit einen bulligen Aufpasser, damit keiner der Gäste auf die Idee kommt, die Möbel hinauszutragen. Ein Spaziergang, das glaubt man James Weldon Johnson sofort, muss im Harlem der Zwanzigerjahre tatsächlich ein großes Abenteuer gewesen sein.

Doch es gibt noch eine dritte, und zwar die faulste Disziplin des Flanierens: die imaginäre Zeitreise. Der

Zeitreisende bereitet sich einen Tee oder schenkt sich ein Glas Wein ein, legt sich aufs Sofa und durchwandert die urbanen Welten seiner Vorstellung: flaniert durch das Peking der Zwanzigerjahre, vorbei an Rikschas, Damen im Qipao, lastentragenden Kulis und Akrobaten; findet sich im Florenz der Renaissance wieder; lässt sich durch das legendäre Timbuktu des Mansa Musa treiben, des reichsten Herrschers aller Zeiten; durchkreuzt die Straßen Tenochtitlans, der Hauptstadt des gewaltigen Aztekenreichs, die sich einst mitten in einem See erhob, ein prächtiges mexikanisches Venedig, das die spanischen Konquistadoren 1521 in einem Massaker schleiften; probiert die Köstlichkeiten Samarkands, wo auf den Märkten alle Schätze der Seidenstraße feilgeboten werden; lauscht den Dichtern des lebensfrohen Bagdad des 12. Jahrhunderts; streift durch die großen Städte der Vergangenheit und besucht jene der Zukunft – ohne auch nur einen Zeh zu bewegen.

Das Fest

Das Haus summt wie ein Bienenstock, seit Tagen trudeln die Freunde ein. Sie sitzen auf Sofas und Stühlen, liegen auf Teppichen, bevölkern die Küche, tragen kannenweise Kaffee und Tee herein. Es ist ein einziges Kommen und Gehen, neue Freundschaften bilden sich, Allianzen werden geknüpft, alle paar Schritte entspinnt sich ein neues Gespräch, finden ungeahnte Gruppen zusammen. Lachen dringt durch das Haus. Es ist, als werde es endlich zu dem, was es immer sein wollte, ein Ort der Begegnung, ein offenes Haus. Schmetterlingsgleich flattern wir durch die Zimmer, tippen auf Karten herum, verteilen Schlüssel, brauen Kaffee, bringen Kuchen, verlieren uns im Gespräch.

Heute sind alle gespannt, voller Vorfreude, denn es ist der Abend des großen Fests. Modefragen werden diskutiert. Dieses Hemd? Oder doch das andere? Passt der Lippenstift? Nicht doch vielleicht das grüne Kleid? Letzte Vorbereitungen werden getroffen.

Dann ist es so weit, am Abend tippeln wir zum Ort der Feier, wo neue und immer neue Freunde dazukommen. Ein Schwirren, Summen, Kichern,

Plaudern, Cocktails wandern von Hand zu Hand, Teller werden gereicht, die Meute ist gesättigt und doch voll Hunger nach Vergnügen, die Band spielt auf, tanzende Glückseligkeit. Ich drehe und drehe und drehe mich, tanze mit diesem Freund und mit jener Freundin, schaue in geliebte Gesichter, und wenn ich könnte, würde ich diesen Moment anhalten, ihn in die Länge ziehen, auf dass jede Minute eine Stunde werde und dieses rauschende Fest nicht aufhört. Die Nacht ist weit wie die See und elastisch wie ein Trampolin, auf dem wir springen, tanzen und Saltos schlagen, bis der Morgen graut.

Tage später, in dem Moment, da der letzte Gast aus der Tür tritt, vermisse ich sie schon, möchte das nächste Fest ausrichten, denn das Haus will gefüllt von Lachen sein.

Luft

Luft schmeckt an jedem Ort anders. Nach der Kühle des Waldes, dem Salz des Meeres, dem Aroma einer fremden Stadt. Sie hat eine andere Plastizität, umfängt den Körper auf eine neue Weise, steigt dem Menschen auf eine besondere Art zu Kopf. In den Tropen hüllt sie den Körper in ein feuchtes warmes Kleid, in den Anden ist sie so dünn, dass jede Treppenstufe zur Herausforderung wird, in der Wüste sammelt sie sich heiß und trocken in den Nasenflügeln.

Sich in einer anderen Luft zu bewegen, verändert den Gang, beeinflusst den Geist. Mit einem Mal werden die Schritte entschiedener oder langsamer, den Körper verlangt es nach anderen Dingen, er wird weicher, sinnlicher, will tanzen, genießen, sich im Schatten niederlassen, einen kühlen Lufthauch spüren. Manchmal kann man sich an einer neuen Luft berauschen.

Feuertopf

Dieser Kitzel, diese Freude, diese Euphorie in dem Moment, da der Kellner den Topf mit der roten dampfenden Flüssigkeit auf den Tisch stellt. Einen Feuer- und Höllensud, in dem die Chilischoten köcheln wie die Sünder im Purgatorium. Ingwerschnitze finden sich dort, Sichuan-Pfeffer, allerlei geheimnisvolle Köstlichkeiten, die dem Sud ihr unvergleichliches Aroma geben. Jedes Restaurant kultiviert sein eigenes Rezept, ein argwöhnisch gehütetes Geheimnis.

Ein echter chinesischer Feuertopf ist eine Mischung aus Nahtoderfahrung und höchstem sinnlichem Genuss. Zumindest dann, wenn das Rezept aus Sichuan stammt, der Provinz, deren Bewohnern Chilisud in den Adern fließt. Die Restaurantbesucher werden im Laufe des Abends sieben Tode sterben, um jedes Mal wie Phönix aus der Asche aufzuerstehen. Neu geboren. Getauft. Bessere, wahrere Menschen, durch Chilischoten und Sichuan-Pfeffer von allen Sünden gereinigt.

Nüchtern gesprochen handelt es sich beim Feuertopf um einen Sud variablen Schärfegrades, in dem wie bei einem Fondue Gemüse, Fisch, Fleisch, Tofu gekocht werden, die dann herausgefischt und in eine Sauce getaucht werden. (Ich empfehle Sesam- oder Erdnusssauce mit einem Schuss Chili, Essig und Soja, aber jeder hat da seine eigenen Präferenzen.) Doch wer würde hier nüchtern bleiben?

Die erste Schärfe trifft gleich einem Faustschlag, die Augen tränen, hundert Geschmacksrezeptoren springen an. Der Sichuan-Pfeffer tanzt auf der Zunge, zündet kleine Schärfe-Explosionen, der Chilisud füllt den Mundraum, punktiert den Gaumen und fließt schließlich den Rachen hinunter. Der Magen wird warm, man beginnt zu schwitzen, der ganze Körper isst mit, eine sportliche Anstrengung.

Man schwitzt und isst, muss unglaublich viel Radler trinken, um weiter zu essen und zu schwitzen, es ist eine Mischung aus Sauna und Gastronomie. Euphorie ergreift erst das Gehirn und breitet sich dann im ganzen Körper aus. Ein Stunden anhaltendes High, von einem Schärfekick nach dem anderen befeuert. Man spürt die Schärfe noch hinter den Augen, in der Nase, der letzten Gehirnwindung.

Der Feuertopf vereint die Essenden in der Einsicht, eine gemeinsame Höchstleistung vollbracht zu haben, knapp dem Tod entronnen zu sein und dabei im Himmel höchsten kulinarischen Genusses gelandet zu sein. So was verbindet. Der Feuertopf eignet sich hervorragend, um Freundschaften anzubahnen oder zu pflegen. Für ein erstes Date wählen ihn hingegen nur jene, die sich wohl damit fühlen, dem Objekt der Begierde stark transpirierend und mit hochrotem Kopf gegenüberzusitzen. Nachts breiten sich opiumartige verschlungene Träume aus. Immer wieder gab es in China Nachrichten, dass findige Restaurantbesitzer ihren Feuertopf mit Opium versetzten, um Kunden an sich zu binden. Doch meiner bescheidenen Erfahrung nach reicht schon Schärfe für Sucht.

Natürlich, jeder hat sein eigenes kulinarisches Paradies. Was dem einen Pommes und Currywurst sind, ist der anderen ihr Coq au Vin. Für mich geht nichts über chinesische Küche, und damit meine ich nicht den Friedhof trauriger Ingredienzen, die in vielen deutschen Chinarestaurants in zu viel Sojasauce ertränkt werden; nicht den kläglichen germanisierten Abklatsch, sondern die wahre chinesische Küche. Soulfood. Denn unter den Zehn-, nein, Hunderttausenden Gerichten, die die vier großen Regionalküchen zu bieten haben, findet sich garantiert ein Gericht, das zur aktuellen Stimmung passt: das nährt, heilt, kräftigt, tröstet, harmonisiert.

Bei Schlappheit und Verstimmung wähle ich einen Kartoffeleintopf nach Lijianger Art, nach akuter Entkräftung muss es die scharfsaure Hühnersuppe in Bambus-Sud auf Yunnaner Art sein. Denn glücklicherweise hat das chinesische Volk von jeher Medizin und Nahrung verwechselt. »Ein wahrer Doktor wird als Erstes den Grund einer Krankheit herauszufinden versuchen«, schreibt der Arzt Sun Simiao, der auch als König der Medizin gilt, im 6. Jahrhundert. »Sobald er das getan hat, wird er zuerst versuchen, Sie durch Essen zu heilen. Erst wenn das nicht funktioniert, wird er Medizin verschreiben.«[1]

Hu Sihui, der für die kaiserliche Diät am Hof der Yuan-Dynastie verantwortlich ist, schreibt mit

Yinshan Zhengyao 1330 das erste Buch, das sich ausschließlich gastronomischen Fragen widmet. Er beschreibt darin auch ein Rezept, das als Vorläufer der Pekingente gelten könnte. Hu zählt eine ganze Reihe von Gerichten auf, die Krankheiten heilen können. Für ihn übernehmen die Köche des Kaisers eine der wichtigsten Aufgaben des Reiches, sie sind für dessen Aufstieg und Untergang mitverantwortlich. Wird der Kaiser krank, weil er schlecht gegessen hat, leidet darunter das ganze Reich. Nahrung ist für Hu der Weg zu Gesundheit und einem langen Leben.

Doch natürlich ist sie viel mehr als das. Wieder und wieder versicherten mir Chinesen, dass Essen für sie das ist, was für den Westler Erotik darstellt: Ausdruck höchster Sinnlichkeit, orgasmatischer Sinnenrausch. Und so wie sich niemand Gedanken darüber machen will, wie er beim Sex aussieht, ist auch das chinesische Essen weitgehend von Tischmanieren befreit. Es gibt nur sehr wenig Etikette, allein durch die Stäbchen spart man sich die Artillerie des Essbestecks, das Kellner in feinen Restaurants neben den Teller legen.

Man ist zusammengekommen, um sich auf das Wesentliche zu konzentrieren: den unglaublichen Geschmack. Genau in dieser Unverstelltheit aber liege das Geheimnis des Genusses, schreibt der Philosoph Lin Yutang. »Denn so ist die menschliche Psychologie, dass, wenn wir aufhören, unsere Freude auszudrücken, wir sie bald nicht mehr fühlen werden. Man sollte die Franzosen imitieren und ein ›Ah‹ seufzen, wenn der Kellner ein gutes Rinderkotelett bringt, und ein animalisches Grunzen wie ›UMMM!‹ nach dem ersten Bissen ausstoßen.« Die Chinesen, schreibt Lin, hätten »schlechte Tischmanieren, aber sie genießen ein Bankett wirklich«.[2]

Bisweilen lief ich an Sälen vorbei, in denen gerade ein Bankett stattgefunden hatte. Und was ich zu Gesicht bekam, waren die Überreste einer wahren Orgie. Die Kellnerinnen warfen die mit Hühnerbeinen, Fischgräten und Hummerscheren übersäten Tischdecken auf den Boden und kehrten alles zusammen. Es wirkte wie der Morgen nach einer Schlacht.

Die Bedeutung von Essen ist in China so zentral, dass sie überhaupt nicht überschätzt werden kann. Es ist schier unmöglich, irgendetwas Bedeutendes in die Wege zu leiten, sei es ein Geschäft, Informationsaustausch, Flirt oder Freundschaft, ohne gemeinsam essen zu gehen. Gerne streitet man sich danach theatralisch um die Rechnung. Bisweilen erblickt man in Restaurants eine Meute sich beinahe prügelnder Menschen, von denen jeder brüllend versucht, die Rechnung aus den Händen des Kellners zu pflücken.

Essen ist auch das sicherste und unverfänglichste Gesprächsthema. Schließlich weiß jeder, der das Gespräch eröffnet, dass sein Gegenüber ein bereits Bekehrter ist. Den Gegensatz zwischen Vegetariern und Fleischessern habe ich als nicht so spaltend erlebt, schließlich gibt es in einem Land mit einer buddhistischen Tradition schon seit vielen Jahrhunderten eine fantastische vegetarische Küche mit unzähligen Gerichten, auch Fleischesser genießen vegetarische Gerichte. Ein Konflikt aber wird mit solcher Härte ausgetragen, dass es dabei immer wieder zu tätlichen Auseinandersetzungen kommt: der zwischen Hundeliebhabern und Hunde-Essern. In manchen Teilen des Landes essen Menschen noch immer Hund, gleichzeitig wird die Tierschutzlobby immer größer.

Als ich anfing, Chinesisch zu lernen, fragte ich mich oft, worüber die Menschen, die ich um mich herum beobachtete, wohl gerade sprachen. Da ich sie nicht verstehen konnte, erschienen mir ihre Konversationen höchst geheimnisvoll. Ich stellte mir vor, wie sie in die Tiefen der Politik und Philosophie vordrangen. Als ich die Sprache besser beherrschte, merkte ich: Meist geht es ums Essen.

Einmal ging ich bei einer Wanderung auf der Chinesischen Mauer hinter einer chinesischen Bergwandergruppe her. Der Bergführer hatte ein Walkie-Talkie dabei und unterhielt sich die ganze Zeit mit seinem Kollegen im Tal. Sie sprachen aber nicht über Berge, die Details einer Notrettung oder gar die Wanderroute, die sich ohnehin von selbst erklärte: immer die Mauer entlang. Vielmehr plauderten sie stundenlang nur übers Essen. »Mann, hast du die Fleischtaschen bei Frau Ma mal probiert, ich sage dir, ein Gedicht, die hat es wirklich drauf, die zerschmelzen dir förmlich im Mund.«

Das Schockierende ist, dass ich unlängst bemerkte, dass ich selbst so geworden bin. Neulich verbrachten wir einen Tag mit Freunden. Wir hatten uns stundenlang angeregt unterhalten – als ich zurückkam, fiel mir jedoch auf, dass es dabei vor allem um eines gegangen war: Essen.

Das Müllauto

Es ist so weit. Ein Rumpeln, ein Rattern, ein Klappern und Piepsen – draußen vor dem Fenster. Der Kleine springt vom Sofa, unbändige Begeisterung in den Augen. Das Müllauto ist da. Er deutet mit unbedingter Autorität nach oben. Ich muss ihn jetzt hoch ans Fenster halten, damit wir gemeinsam die wundersame Choreografie der Müllentsorgung bestaunen können. Männer, die in Höfe eilen, Tonnen vor sich herschieben, die sie rumpelnd über das Kopfsteinpflaster tanzen lassen, sie mit Schwung auf die Halterung des Müllautos hieven, einen Griff betätigen, der sie in hohem Schwung nach oben befördert, wo das Müllauto schmatzend ihren Inhalt verschluckt.

Wann immer das geschieht, quietscht der Kleine vor Freude. Er klatscht in die Hände, wenn die Tonne geleert zurückschwingt, kichert, wenn das Müllauto mit leuchtender Warnblinkanlage ein paar Meter weiterfährt, bricht in helles Lachen aus, wenn es erneut stehen bleibt. Er ruft mit der Inbrunst eines frisch Bekehrten »Tatütata« und deutet auf die blinkenden Lichter. Ab und an wird sein Körper von euphorischhysterischen Lachanfällen geschüttelt. Er verfolgt den Müllentsorgungsprozess mit einer Begeisterung, als handelte es sich um die entscheidenden letzten Minuten des Endspiels einer Fußballweltmeisterschaft. Großes Drama, große Emotionen. Und das fast jeden Tag, denn es kommt ja fast immer ein neues Müllauto vorbei: Papier, Wertstoffe, Bio, wir nehmen alles, schwarze, blaue oder gelbe Tonne. Das Müllauto ist einer von zahlreichen Höhepunkten eines an Sensationen vollgepackten Lebens.

Wie oft stehen wir am Fenster und lassen das Schauspiel unserer Straße auf uns wirken. Eine kleine ruhige Kreuzung, bestanden von Ahornbäumen, an der Ecke ein Kiosk, der von einem freundlichen türkischen Ehepaar betrieben wird. Kunden eilen in den Laden, kommen pustend mit einem dampfenden Kaffee heraus, setzen sich an den Plastiktisch vor der Tür, plaudern und rauchen, strecken ihre Gesichter in einen winzigen Streifen Sonne, der im Laufe des Tages immer breiter wird. Freunde des Kioskbesitzers, Rentner, Handwerker, Hundebesitzer. Ab zehn Uhr wechseln einige von ihnen zum Bier, das ist auch in etwa die Zeit, wenn die Yogis aus dem Studio gegenüber heraustreten. Die Biertrinker und die Yogis nicken einander zu, zwei Lebensstile, nur durch eine Straße getrennt.

Immer ist etwas los. Hunde laufen Gassi, Schul- und Kitakinder kommen, Pizzalieferanten eilen vorbei, der Postbote radelt von Haus zu Haus, einmal wartet abends ein Igel vor unserer Tür.

Mit der Zeit werden uns viele Bewohner vertrauter. Wir kennen den weißen Hund, die Balkonraucherin, den besten Freund des Kioskbesitzers, der von morgens bis abends hier abhängt, stetig auf dem Trottoir eine unsichtbare Linienkombination abschreitend. Die Katze, die sich abenteuerlich auf dem Sims der Dachwohnung entlanghangelt.

Auch eine kleine Straße wie unsere hält massenhaft Sensationen bereit: Reinigungsautos, Bauwagen, Lkws, Feuerwehrautos, die mit Geheul an uns vorüberschießen, Ereignisse, die von ekstatischem Hochgefühl begleitet werden.

Die Oma, die mit einem Kissen unterm Arm und einer Flasche Bier am Fenster sitzt, das sind wir. Nur ohne Bier. Ich wohne seit mehr als zehn Jahren in dieser Straße, habe unzählige Male aus dem Fenster geschaut, doch erst jetzt, mit einem Kleinkind, lerne ich sie wirklich kennen. *I was blind, now I can see.* Der Kleine eröffnet mir den Zauber des Banalen, unterrichtet mich in der Kunst der Langsamkeit, enthüllt mir die Abenteuer des Alltäglichen.

Wie oft bleiben wir, im Schneckentempo durch die Straße ziehend, stehen, um minutenlang eine Kastanie, einen Hauseingang, ein Klingelschild zu untersuchen, eine Tür auf- und wieder zu-, auf- und wieder zuzumachen. Mir ist, als lernte ich, meine Straße unter einem Mikroskop zu sehen, dessen Auflösung immer feiner wird. Schon ist mir jede Fensterdekoration vertraut. Bald werde ich alle Hunde des Viertels kennen. Und wenn wir jetzt beginnen, unser Schneckentempo weiter zu drosseln, werde ich anfangen, die Atome zu zählen.

Bar

Die Lieblingsbar ist genau so, wie Bars zu sein haben: mondän und ein wenig abgerockt zugleich. Ich weiß nicht, wie sie es anstellt, doch sie schafft es, Abend für Abend etwas Großes zu versprechen – eine Verheißung, die einen in die Nacht hineinzieht und viel zu lange dort ausharren lässt. Das Interieur ist klassisch, aber nicht zu schick, rote Kunstlederbänke, eine Bar aus dunklem Holz. Dort hängen Leute ab, denen man gern beim An-der-Bar-Rumhängen zusieht: Typen, Charaktere, Vögel, Paradiesgestalten, Menschen, an denen irgendetwas schön oder doch zumindest interessant ist. Leute, die aussehen, als hätten sie eine Geschichte zu erzählen.

Blicke wandern durch den Raum, hungrig, suchend, tastend. Man stelle sich vor, es gäbe einen Apparat, mit dem sich das gesammelte Begehren in einem Raum messen ließe, ein Messgerät, das die Ausschläge fein säuberlich und nach Datum und Uhrzeit geordnet dokumentiert, alles Begehren einer Nacht in einem EEG-artigen Graphen verewigt.

Barmänner und -frauen teilen die Menge mit ihren Tabletts. Die Art, wie sie die Drinks verteilen, hat etwas Feierliches. Bisweilen geben sie eine Empfehlung, und obgleich das zu ihrer Arbeit gehört, wirken sie, als vermittelten sie kostbares Geheimwissen, als spräche hier ein verdeckter Freimaurer zum anderen, Mitglieder einer verschworenen Gemeinschaft.

Die Nacht entfaltet sich in der Bar ihrer eigenen Zeit, Dramaturgie und Logik folgend. Nachts sind die Menschen anders. Sie neigen zum Übermaß, suchen die Nähe und das Geständnis. Sie wollen das leben, was sie am Tage wegsperren, verdrängen. Sie zeigen – gewollt oder ungewollt – ihr anderes, ihr Nachtgesicht. Die Nacht schillert und perlt, prickelt und liebkost, sie hebt dich in den Sternenhimmel, um dich unvermittelt fallen zu lassen. Die Nacht ist kapriziös. Im Schlepptau trägt sie Ekstasen, Sehnsüchte, Ängste, Albträume, Nachtmahre, Begehren. Zwischen den roten Kunstledersitzen sammeln sich die Komplimente, Geständnisse, Annäherungsversuche, Abwehrmechanismen zentimeterdick, sie kleben eins am anderen und werden am nächsten Morgen von müden Putzkräften mit Sprühdosen von Desinfektionsmitteln und Putzeimern entfernt.

Die Nacht nähert sich jedem Tag anders. Mal trägt sie das Licht beinahe unbemerkt in die Dunkelheit, dann zelebriert sie ihre Ankunft mit Pomp, Farbe und Drama. Jede Nacht hat ihre eigene Choreografie. Sie kann samtweich und klirrend kalt, brutal und zärtlich sein. Sie kann strafen und verwöhnen, dich auf Tanzflächen tragen, von denen du nichts ahntest, über menschenleere Straßen und in federleichte Morgenstunden am Flussufer. So vieles kann unter ihren Schwingen geschehen. Und wo wäre ein besserer Ort, sie zu empfangen, als in der Lieblingsbar?

Schafe

Oh, ein Schaf zu kraulen! Die Finger durch die weiche Wolle über den harten Schädelknochen fahren zu lassen, während das Tier genüsslich den Kopf emporreckt, die Augen schließt, fast glaubt man, ein Schafschnurren zu vernehmen. Der Anblick einer Schafherde verleiht jeder Wiese augenblicklich etwas Bukolisches, noch die tristeste Brache wird dadurch zur Szenerie. Und gibt es Frühlingshafteres als ein Lamm, das über frisches Gras springt?

Es ist ein Jammer, dass die Schafe bei uns verschwinden. Ein Schäfer, der mit seiner Herde über die Weiden zieht, ist zum exotischen Anblick geworden. Nach Angaben des Bundesverbands der Berufsschäfer geht ihre Zahl dramatisch zurück. Das Durchschnittsalter liegt bei sechzig Jahren, die Hälfte der Schäfer wird in den kommenden zehn Jahren in Rente gehen.

In Dakar sind die Schafe hingegen überall. Sie bevölkern Hauseingänge und Bürgersteige, drängen sich auf den Inseln der Verkehrskreisel, blöken von Dächern herab. Gemächlich überqueren sie die Straßen, mit einem Selbstbewusstsein, das in

Indien gerade mal heilige Kühe aufbringen würden. Ja, man findet sie selbst dort, wo man sie nicht vermuten würde. Bisweilen dringt ihr Blöken hinter den Mauern der Kasernen hervor.

Nur einmal im Jahr wird es gespenstisch still. Dann verstummt, kurz vor der Mittagszeit, das Blöken aus Abertausenden Schafskehlen. Im Sommer, zu einem Zeitpunkt, der nach dem Stand des Mondes berechnet wird, feiert der Senegal Tabaski, wie man dort das muslimische Opferfest nennt. Zur Feier des Glaubens schlachtet jede Familie an diesem Tag ein Opfertier, im Senegal ist es ein Schaf.

Doch es soll hier nicht um den Tod gehen, sondern um das Leben. Denn im Senegal ist die Schafzucht kollektive Leidenschaft. Der Bäcker, die Schneiderin, der Mechaniker, der Wunderheiler, die Politikerin, sie alle teilen eine Leidenschaft: die Aufzucht von Schafen. Das Schaf spendet seinen Haltern Trost und Nahrung, es ist Opfer-, Haus- und Schutztier, mal Hobby, mal Bankkonto, mal Statussymbol. Und manchmal macht es sogar Politik.

In den meisten Ländern bevölkert das Schaf Weiden und Bauernhöfe. Im Senegal hat es die Städte erobert, allen voran die Hauptstadt Dakar. Manche sprechen gar vom »geheimen Leben« dieser Stadt.

Da ist etwa Mamadou, ein Kioskbesitzer, der bitterlich weinte, als das Schaf, das er vor seinem Laden an einem Pflock hielt, an einer Krankheit verendete. Da ist der wohlhabende Geschäftsmann Alemassamba Ndiaye, der seiner Schafschar eine Villa gebaut hat, ein mehrstöckiges Haus mit glänzenden Kacheln. Neben den Schafen leben hier auch Ziegen und seltene Vögel.

Ndiaye, der sein Geld mit Handel und Immobilien verdient, hat seinen WhatsApp-Status mit »Im Schafstall« angegeben. Er sagt: »Der Schafstall ist mein Empfangs- und Wohnzimmer. Die Schafe ersetzen mir den Fernseher.«

Da ist die knapp neunzigjährige Rokhaya Gueye, die am Strand von Ngor Schafe und Pelikane hält, zwei Arten, die es gut miteinander aushielten. »Schlafen die Schafe, machen es sich die Pelikane auf ihren Rücken gemütlich.« Gueye hat drei Kinder, ungezählte Enkel und noch viel mehr Schafe aufgezogen. Ihre Tiere verkaufe sie nicht, sagt sie, außer sie brauche Geld für einen Notfall. »Sie sind eine Art Bankkonto für schlechte Zeiten.«

Während sie erzählt, zerkleinert sie den Karton, den sie ihren Tieren gleich vermischt mit Erdnusskraut kredenzen wird. Viele Schafhalter füttern ihren Tieren Karton bei, das spart Futter. Alle Arten von Pappe sind daher heiß begehrt. Das stellte ich erstaunt fest, als ich in den Senegal zog und sich die Nachbarn um meine leeren Umzugskisten rissen.

Und da ist schließlich Papa Demba Fall, Soziologieprofessor, eine Koryphäe auf dem Gebiet der Migration, aber auch: ein passionierter Schafhalter. Er hat seinen Schafen und Ziegen – er besitzt Exemplare aus der ganzen Region – ein eigenes mehrstöckiges Haus gebaut und beschäftigt eine Haushaltshilfe eigens für seine Tiere. Fall hat eine Studie zur urbanen Schafzucht verfasst. Schon lange bevor der Islam den Senegal erreichte, hielten die Menschen Schafe zu Hause, sagt er. Bevorzugt weiße.

»Das weiße Schaf war ein Schutztier, das eine therapeutische und soziale Funktion erfüllte«, sagt Fall. »Man sagt: Was dem Tier widerfährt, wird auch der Familie geschehen.« Als Haustier sei es ohnehin beliebt, »denn während sich die Nachbarn vom Bellen der Hunde belästigt fühlen, echauffiert sich keiner über sanftes Blöken«. In einem Land, das die Gastfreundschaft feiert und wo die Türen traditionell allen Nachbarn offen stehen, verstört ein Wachhund noch heute viele Menschen. Ein Schaf hingegen verschreckt keinen, freundlich mäht es dem Besucher entgegen. Für den Wissenschaftler Fall persönlich erfüllen seine Schafe noch eine weitere Funktion: Im ersten Stock seines Schafhauses hat er sich sein Büro eingerichtet. Hierher zieht er sich zurück, um seine wissenschaftlichen Studien zu verfassen. Das leise Blöken ist ihm Inspiration.

Doch Dakar wäre nicht Dakar, eine der stolzesten Städte Westafrikas, gefeiert für ihren Stil, berüchtigt für ihre Überheblichkeit, wenn es ihren Bewohnern nicht auch in Sachen Schaf darum ginge, zu zeigen, was sie haben. »Wir sind Snobs«, sagt Fall. Und so wird das Schaf für jene, die es sich leisten können, zum Statussymbol. Reiche Halter wie Herr Ndiaye mit seinem Schafpalast präsentieren ihre Tiere Geschäftspartnern und Konkurrenten. Der Schafstall wird ihnen zum Salon, in dem man Geschäfte bespricht, so wie andernorts auf dem Golfplatz.

Erlesene Tiere macht man Ministern, Geistlichen, Gönnern zum Geschenk. Es gibt Züchter und Tierärzte der Hautevolee, bei denen sich die Reichsten und Wichtigsten der Republik einfinden. Und vor Tabaski wird die Schafstory zur Homestory: Nachrichtenportale zeigen Stars und Politiker beim Schafkauf. Gleich mehrere Züchter behaupten, die First Lady habe ihr Schaf im vergangenen Jahr bei ihnen gekauft. Könnte ja den Absatz steigern.

Schafe gibt es im Senegal für jeden Geldbeutel. Ein kleines Tier der Rasse Baly-Baly kann man für umgerechnet 100 Euro bekommen. Ein großes Ladoum aber, eine Züchtung der Luxusklasse, kann auch mal fünf Millionen westafrikanische Franc kosten, umgerechnet 8000 Euro. Vor ein paar Jahren schlug ein Züchter ein Angebot von umgerechnet 80 000 Euro für seinen schönsten Ladoum-Widder aus. Er war sich sicher, noch weit mehr Geld verdienen zu können, wenn er den Widder zur Zucht nutzte. Außerdem, sagt er, seien ihm die Angebote zum Verkauf erschienen, »als würde dich jemand fragen, ihm dein Liebstes zu verkaufen. So etwas ist schwer verhandelbar.«

Manche Halter nennen ihre Tiere schnöde »der Große« oder »die Dicke«. Andere verleihen ihnen stolze Namen: Tyson oder Manga, wie die Champions des senegalesischen Ringkampfs. Isaura, wie die Heldin der brasilianischen Telenovela, die hier so beliebt ist. Schafe werden benannt nach Politikern, Marabouts – den religiösen Führern – oder sogar der ersten Dame der Republik. Einige Besitzer hängen ihren Tieren Amulette um, um sie vor dem bösen Blick zu schützen. Und fast alle achten darauf, das weiße Fell der Tiere so strahlend wie möglich zu halten.

Am Wochenende übernehmen deshalb die Schafe die Strände, die für gewöhnlich das Reich der Fischer, Surfer, Muskelmänner und Strandschönheiten sind. So wie der Deutsche am Wochenende sein Auto wäscht, wäscht der Senegalese am Wochenende sein Schaf – oder bezahlt ein paar Nachbarsjungen, es für ihn zu tun. Was für ein Spektakel! Wie sie das Fell der Schafe im Sand peelen, die Tiere ins Meer drücken und schubsen, damit sie in der Brandung baden. Bisweilen zieht der Züchter sein Schaf an den Vorderhufen in die Wellen. Vom Strand aus betrachtet, sieht das so aus, als tanze der Schafhalter mit einer widerwilligen Partnerin. Einmal gewaschen, bürsten und kämmen die Schaf-Coiffeure das Fell, bis es glänzt – vor allem vor dem Fest Tabaski.

Am Opferfest feiern Muslime die fromme Hingabe Abrahams. Der war, so ist es überliefert, bereit, dem Allmächtigen sogar das Leben seines Sohnes zu opfern. Als Abraham aber das Messer an den Hals seines Sohnes setzte, hatte der Allmächtige einen Widder an die Stelle des Jungen gezaubert. Deshalb schlachtet zum Festtag möglichst jede Familie ein Schaf, das anschließend in drei Teile geteilt wird: einer für die Armen, einer für Verwandte, Freunde und Nachbarn, einer für die Familie.

Es ist ein Feiertag der Großzügigkeit. Und stellt damit jene, die wenig haben, vor Herausforderungen. Schließlich sollte ein erwachsener Sohn oder Familienvater nicht nur das Schaf, sondern auch neue Kleider für die ganze Familie besorgen. Schon Wochen vor dem Fest telefonieren einige ihr ganzes Telefonbuch ab, in der Hoffnung, dass ein Bekannter ihnen mit einer Gabe zur Seite springt. Viele Senegalesen stellen, genervt vom Bombardement der Bittsteller, bereits Wochen vor dem Fest ihr Telefon ab.

Besondere Finesse aber verlangt das Fest all jenen

Ehemännern ab, die in Vielehe leben. Im Senegal ist das immerhin ein Drittel aller Verheirateten. Die Tradition will, dass ein polygamer Ehemann der Familie jeder Ehefrau ein Schaf spendet. Die diplomatisch heikle Aufgabe des Gatten ist es nun, möglichst gleich große Schafe zu finden. Wehe, das der einen Ehefrau ist größer als das ihrer Konkurrentin. »Einer Grande Dame wie mir schleppst du diese Katze an?!« gilt noch als gnädige Reaktion. Augenzeugen berichten von tätlichen Auseinandersetzungen auf offener Straße, bei denen knausrige Ehemänner mit Handtaschen traktiert wurden.

Eine diplomatische Aufgabe ist das Opferfest auch für die Regierung: Der Senegal hat etwa 17 Millionen Einwohner, die zu 95 Prozent dem Islam anhängen. Das Land benötigt nach Schätzungen etwa 750 000 Schafe zum Fest. So viele kann der heimische Markt nicht bieten. Schaffe es die Regierung nicht, für ausreichend Schafe zu sorgen, warnen die Zeitungen Jahr um Jahr, bedrohe das den sozialen Frieden im Land.

Politiker reisen in die Nachbarländer, um die Versorgung sicherzustellen, vor allem nach Mali und Mauretanien. Für die Nachbarländer Senegal und Mauretanien, die sich für gewöhnlich in heftiger Abneigung gegenüberstehen, ist der Schafhandel ein seltener Moment der Kooperation. Die Zeitungen preisen die diplomatische Finesse des Schafs. Sie nennen es das »Schaf des Friedens.«

Tanzen

Eintauchen. Sich in der Musik verlieren, sich von ihr tragen lassen. Sie fließt durch Nervenbahnen, Adern, Kapillaren, springt von einer Synapse zur nächsten, füllt alle Räume des Gehirns. Sie macht uns flüssig, durchscheinend, alles verschwindet, da ist nur noch der Beat, dem der Körper folgt wie eine hypnotisierte Schlange, Schultern, Hüfte, Beine, Kopf. Alle Trägheit ist fort, die Schwerkraft fast aufgehoben. Jeder Moment wird mit jedem Ton neu erschaffen, was war, ist vorbei, was kommt, nicht vorauszusehen. Da ist nur noch ein großes pulsierendes Jetzt.

Der Beat wird schneller, fordernder, treibender. Juchzen, Johlen, Euphorie auf den Gesichtern. Unbekannte lächeln sich an, werden *ein* Körper mit unzähligen Zuckungen, Armen, Fingern, Beinen, die auf den Boden springen, ein tanzender Behemoth. Gibt es etwas Älteres, als gemeinsam dem Beat nachzujagen, gemeinsam leicht zu werden, kollektive Schwerelosigkeit, Ekstase, gereinigt, verbunden, versöhnt? Endlich ist der Körper frei.

Als ich im Morgengrauen heimradele, vorbei an Menschen, die zur Arbeit laufen, eilige Schritte, müde Gesichter, Kaffeebecher in der Hand, fühle ich mich transparent. Leichter als Morgenlicht.

Haut

Die Haut der Menschen, die du liebst. Ihre Textur. Ihr Geruch. Das Gefühl, das sie auf deinen Fingern hinterlässt, wenn du über ihre Körper streichst.

Haut ist Landschaft, Topografie, Ebenen und Mulden. Die harte ledrige Haut des Knies, die unendlich zarte vor und hinter den Achseln. Zieht sich zusammen, wenn du sie kitzelst; spannt sich, sobald sie aufspringen; hebt und senkt sich mit ihrem Atem; bringt Leberflecken zum Tanzen.

Wie ruhig und friedlich sie wirkt, wenn sie schlafen. Ruhiger atmender Ozean aus Haut. Tröstet, hält, trägt durch die Nacht. Atmend. Pulsierend. Am Leben.

Unterwegs

Liege auf dem Rücken auf der Ladefläche eines alten Ford Pick-ups, schaue in die Kronen der Palmen, die die Straße säumen, trinke den Fahrtwind und bin so unhaltbar, bodenlos frei wie noch nie in meinem Leben. Alles ist Verheißung. Ich bin 18 Jahre alt.

Aus dem Fahrerhäuschen dringt die Musik des mexikanischen Fahrers, der uns freundlicherweise mitgenommen hat, Mariachi-Sound, vom Röhren des Motors begleitet. Er schaltet mit einem riesigen Schaltknüppel, auf den ein Bild von Jesus Christus geklebt ist. Die Straße zieht sich endlos durch die karge Weite der mexikanischen Sierra, gesäumt von Kaktussen und Agaven. Ab und an spielen am Wegesrand Kinder auf einem Fußballfeld, dessen Umrisse sie in den Sand gekratzt haben.

Wir wollen weiter, immer weiter, der Straße folgen, uns an sie heften, beobachten, wie sich die Landschaft mit ihr verändert, die Dörfer und Städte, der Dialekt der Restaurantbesitzerinnen am Straßenrand. Ihr Spanisch ist so weich, dass man nie müde wird, ihnen zuzuhören. Mit jedem Kilometer, den wir zurücklegen, werden die Cowboyhüte und -stiefel der Männer größer und verzierter. Wir nähern uns einem Gebiet, in dem der Staat immer weiter ausfranst, in dem andere Kräfte die Regeln setzen – wenn wir nicht schon längst dort gelandet sind.

Weiter, immer weiter, denn es gibt nichts Verheißungsvolleres als den Weg, das Reisen ohne Ziel und Absicht, den schwindelerregenden Sog, unterwegs zu sein. »Der Morgen war voller Vorzeichen und leichter als eine Luftblase. Auf all seine Anträge gab es nur eine Antwort: Ja!«, schreibt der Schweizer Schriftsteller Nicolas Bouvier in seinem wunderbaren Buch *Skorpionfisch*.[1]

»Ich bin unterwegs, um unterwegs zu sein«, erklärt der französische Philosoph Michel de Montaigne, der gern durch Europa ritt. Seine Reisen unternehme er »allein um der Bewegung willen, solang mir die Bewegung gefällt«.[2] Er liebe den Regen und den Schlamm wie die Enten.

Das Vergnügen des Unterwegsseins kennt so unendlich viele Facetten, so viele Farbtöne wie ein Aquarellkasten, der seine Farben allmählich über dem Reisenden ausleert.

Die seltsame Freude, im Morgengrauen nach einer nächtlichen Zugfahrt auf dem Bahnhof einer chinesischen Provinzhauptstadt anzukommen. Vier Unbekannte in einem Abteil, die sich beim Husten, Gähnen und dem nächtlichen Wälzen in Stunden der Schlaflosigkeit zuhörten. Der schweigsame Handlungsreisende, das Mädchen, das flüsternd Liebesschwüre auf die Sprachbox eines entfernten Liebhabers diktiert, eine ältere Dame und ich. Wir steigen aus dem Abteil, vertreten uns die müden Glieder, streichen uns die zerknitterten Visagen glatt und gehen mit kurz geknurrtem Abschiedsgruß unserer Wege. Das Taxi gleitet durch eine Stadt, die in einem anderen Moment wahrscheinlich mörderisch hässlich ist, jetzt aber im verschwenderischen Morgenlicht aufersteht. Das Licht taucht weiß getünchte Hochhäuser, deren Putz blättert, in wohlwollendes Orange und Rosarot. Und mit einem Mal ist da diese perlende Euphorie, all das Neue, all die unendlichen Facetten von Schönheit, Hässlichkeit, Brutalität und Zartheit zu entdecken.

Der Taumel, high von Höhenluft an einem gottverlassenen Ort im tibetischen Hochland zu stehen. Die Luft ist so klar, dass sie augenblicklich den Kopf leer fegt, alles erscheint in ihr gestochen scharf, als könnten die Augen noch in der Ferne die kleinsten Details ausmachen. Die Silhouetten der aberwitzig hohen Berge, von Schnee bedeckt, die an ihrem Fuß in weiche Grashügel übergehen. Sie schmiegen sich so sanft aneinander, dass einen die Zartheit inmitten der Kargheit des Hochlands erschüttert.

Jetzt, im Winter, sind sie von gelbem Gras bewachsen, auf dem Yaks weiden, in der Ferne erhebt sich die weiße Stupa eines Klosters. Ein eisblauer Gebirgsfluss rauscht vorüber, die Erde seines halb ausgetrockneten Flussbetts changiert in Rot, Gelb, Braun, Beige, den Farben von Mineralien, die ich nicht zu benennen weiß, die sich aber trotzdem in meinem Gehirn eingraben, denn dieses Bild, diese Szene wird noch viele Jahre später immer wieder vor meinem inneren Auge auftauchen, ganz unvermittelt, vor einer Ampel, im Büro, im Schlaf. Als hätte es sich in mir eingebrannt.

Ich habe das Vagabundentum immer geliebt. Und wenngleich in einer Ära, in der die Bedrohungen des Klimawandels immer akuter werden, Flugreisen zunehmend bedenklich erscheinen, so ist das Vagabundentum doch unter allen Umständen möglich. Geht es dem ziellos Wandernden doch nicht um die Sehenswürdigkeit oder den Konsum einer Postkartenidylle, sondern um den Weg selbst. Das absichtslose Streunen, das Rattern eines Zuges, das Klappern der Schuhe auf einem zuvor nie betretenen Asphalt. Je langsamer einer reist, desto mehr sieht er.

Das zeigen die Berichte der großen Reisenden der Vergangenheit, des chinesischen Mönchs Xuanzang etwa, der im Jahr 629 gegen den Willen des Kaisers auszog, um über die Seidenstraße nach Indien zu gelangen, wo er sich auf die Suche nach buddhistischen Manuskripten machte. Oder Ibn Battutas, eines Berbers aus dem marokkanischen Tanger, der im 14. Jahrhundert mehr als 120 000 Kilometer auf Reisen nach Afrika, Arabien und Asien zurückgelegt haben soll.

Doch der Zauber liegt nicht nur in der Ferne, sondern gleich nebenan. Ein Jahr vor Hitlers Machtergreifung macht sich der 18-jährige Brite Patrick Leigh Fermor auf, Europa zu erkunden. Er wandert von Holland rheinaufwärts, er will bis nach Konstantinopel. Er beschreibt in *Die Zeit der Gaben* ein Deutschland zwischen Gastfreundschaft und nationalistischem Taumel, das bald in Schutt und Asche untergehen wird. Und das in Fermors Schilderungen bisweilen so vergangen wirkt, als lägen Jahrhunderte zwischen dem Damals und Jetzt.

Bei Köln, »jenseits der Kathedrale, gleich hinter den Strebebögen, führte eine abschüssige Straße hinunter zu den Kais. Trampschiffe und Schlepper und Lastkähne und auch größere Schiffe lagen unter den Bögen der Brücken vor Anker, und aus Cafés und Hafenkneipen drang fröhliche Musik. Ich hatte mir überlegt, dass ich, wenn ich die richtigen Freunde fände, vielleicht ein Stück als Anhalter auf einem Flusskahn mitfahren und ein Stück meiner Reise im Luxus genießen konnte. Freunde fand ich sofort. Es wäre unmöglich gewesen, keine zu finden. Das erste Lokal, in das ich kam, war eine wahre Räuberhöhle, voll mit Seeleuten und Flussschiffern; alle trugen hohe Seemannsstiefel, bis an die Knie heruntergerollt, mit Fellfutter und dicken Holzsohlen. Sie kippten die Schnäpse in einem gefährlichen Tempo; jeder wurde mit einem Glas Bier heruntergespült«.[3]

Das Wichtigste, vielleicht das Einzige, was ein absichtslos Wandernder unbedingt mit sich tragen sollte, ist das Staunen. Im 19. Jahrhundert zog Marianne North, die Tochter eines wohlhabenden britischen Parlamentsabgeordneten, in die Welt hinaus, um malend die Pflanzenwelt zu erkunden. Sie dokumentierte mehr als 900 Pflanzenarten auf sechs Kontinenten. Sie malte frenetisch, für sie war die Malerei »ein Laster wie die Trunksucht, fast unmöglich, damit aufzuhören, wenn man einmal davon in Besitz genommen wurde«. Ihr Leben beschrieb sie als »wandern, staunen und malen«.[4] Ein, wie ich finde, ziemlich überzeugendes Konzept.

Die belgisch-französische Buddhismus-Forscherin Alexandra David-Néel wiederum ging in den 1920er-Jahren 55-jährig im Winter zu Fuß bis nach Lhasa und litt dabei so sehr Hunger, dass sie das Leder ihrer eigenen Stiefel aß, um zu überleben. Sie hatte sich als tibetische Pilgerin verkleidet, denn Ausländern war die Reise nach Lhasa verwehrt. David-Néel lebte und studierte bei buddhistischen Mönchen, sie schrieb ausführlich über den tibetischen Buddhismus. »Es gibt keine effektivere Quelle der Jugend als diese beiden Dinge«, schrieb sie. »Reisen und intellektuelle Aktivität.«[5]

Einer meiner Lieblingsreisenden ist indessen der Schweizer Nicolas Bouvier, der in den 1950er-Jahren gemeinsam mit seinem Freund, dem Künstler Thierry Vernet, in einem Fiat Topolino von Genf zum afghanischen Khyber-Pass reist und diese Erfahrung in einem Buch namens *The Way of the World*, auf Deutsch »Die Erfahrung der Welt«, verarbeitet hat. Die beiden haben nicht viel Geld, wann immer es ihnen ausgeht, bleiben sie an einem Ort, um zu arbeiten, Vorträge zu halten, zu malen oder zu schreiben.

»Wir versagten uns jeden Luxus«, schreibt Bouvier. »Außer den, langsam zu sein.«[6] Bouvier ist im Glauben ausgezogen, eine Reise zu machen, doch schon bald stellt er fest, dass die Reise ihn macht. Sie verändert ihn. »Es ist nicht nötig, sich einzumischen. Die Straße nimmt dir die Arbeit ab. Man möchte glauben, dass sie sich, ihre Wohltaten verteilend, immer weiter so hinzieht, nicht nur bis nach Indien, sondern bis zum Tod.«[7]

Bouvier hat nicht nur eine unglaubliche Beobachtungsgabe, sondern auch ein großes Talent dafür, in kleinen Momenten Schönheit zu sehen. Er reist durch eine Welt, die es so längst nicht mehr gibt, durch einen Iran vor der islamischen Revolution, durch ein lebensfrohes Kabul. Immer wieder begeistert er sich für die Fähigkeit der Menschen, noch unter widrigsten Umständen »den kleinsten Krümel Vergnügen zu ergreifen«.[8]

Einmal gabeln sie vor der iranischen Stadt Mahabad einen alten Mann auf, der bis zum Hintern mit Schmutz bedeckt aus vollem Halse singend durch den schmelzenden Schnee pflügt. »Als er auf den Sitz stieg, langte er in seinen Rock, um eine alte Pistole hervorzuholen, die er höflich Thierry übergab. Es galt als unangebracht, im Inneren seine Waffen zu behalten. Dann rollte er beiden von uns eine große Zigarette und begann unbekümmert zu singen. Was mich angeht, so beeindruckt mich am meisten Fröhlichkeit.«[9]

Staubkörner

Staubkörner dabei zu betrachten, wie sie träge durch das Nachmittagslicht tanzen, das in Streifen durch ein Fenster fällt. So langsam und schwerelos, als bewegten sie sich in einer anderen Galaxie. Auf dem Weg zu neuen Planeten. Verlieren kann man sich in diesem Anblick, seiner außerweltlichen Schönheit. Ein Universum in einem Quadratmeter Licht.

Minutenlang stehe ich schon hier und schaue. »Was guckst du denn?«, ruft die Lehrerin, »da gibt's doch nichts zu sehen.« Wenn sie wüsste.

Astronauten einer verborgenen Galaxie.

Es liegt eine seltsame Freude darin, sich in Dinge zu vergucken, die keiner sonst zu sehen scheint.

Säure

Das Spiel ist einfach. Wir teilen uns eine Tasse heißer Zitrone, der Kleine und ich. Abwechselnd lassen wir das warme Getränk in unseren Mund laufen, die Säure kitzelt die Geschmacksnerven, wandert über die Zunge, füllt den Gaumen und kommt als prickelnd-pritzelnde Sensation im Hirn an. Der Trinkende schüttelt sich genüsslich, verzieht das Gesicht und ruft in dramatischem Ton »Sauer!«, während der andere über seine Grimassen lacht. Und selbst zur Tasse greift. So geht es hin und her. Gegen Ende wird der Trank immer süßer, denn auf dem Boden der Tasse sammelt sich der Honig, was uns nicht daran hindert, weiterhin zu grimassieren und »Sauer!« zu rufen. Trotz aller Wiederholung wird das Spiel nie langweilig, lachend und grimassierend feiern wir die Säure, Tasse um Tasse um Tasse, einen ganzen Winter lang.

Tango

Ich kenne ihn nicht. Weiß nichts über ihn, als er die Hand ausstreckt, um mich zum Tanzen aufzufordern. »Hab gerade erst angefangen«, murmele ich und frage mich, wie ich es anstellen könnte, mich aufzulösen. (Er ist zu schön, als dass ich mich vor ihm blamieren möchte.)

»Macht nichts«, entgegnet er. Zieht mich an sich. »Schließ die Augen.« Als ich sie zumache, merke ich, dass er wirklich tanzen kann. Carlos Gardel singt *Volver.*

Ich spüre den Boden, spüre an der Verlagerung seines Gewichts, wo es ihn hinzieht, ahne den Schritt, bevor er erfolgt. Tango, haben sie gesagt, sei Meditation des Laufens. Mit einem Mal, die Augen geschlossen, öffnen sich die Sinne gleich Schmetterlingsfühlern, nach jedem Signal tastend. Die beinahe unmerklichen Botschaften seiner Finger, der Druck seiner Hand, die Verschiebung seines Körpers, das Schlagen seines Herzens, die Musik, die uns führt, lockt, trägt. Ich fühle seine Hände, seine Präsenz, seine Offenheit, seine Wärme. Ihn. Ich spüre so vieles in ihm, was ich nicht wissen kann. Eine Zartheit, eine Verletzlichkeit, eine Stärke.

Er tanzt nicht, um sein Können zu zeigen, Figuren zu absolvieren, etwas zu beweisen. Er tanzt, um zu fühlen. Wir sind uns fremd, und doch ist da einen Moment lang keine Mauer, keine Vorsicht, keine Prätention, keine Überlegung, kein Kalkül, keine Schüchternheit. Nur Begegnung. Eine seltene Innigkeit zwischen zwei Fremden, die einen winzigen Moment lang gemeinsam fühlen. Und dieser Augenblick strahlt so sehr, dass ich ihn genau so in Erinnerung behalten möchte.

Der Tanzlehrer ruft, die Stunde soll beginnen, alles bringt sich in Position, ich aber eile hinaus, aus der Tür und auf die Straße, alles ist großartig, schon jetzt, ich habe dem nichts hinzuzufügen. Stehe auf der Straße, glücklich, und atme die Nacht. Hab ihn nie wiedergesehen.

Von der Kunst des Herumliegens und Träumens

Die Hängematte hat mich verschluckt, schaukelt mich sanft in den Halbschlaf. Straßengeräusche dringen von fern an das Ohr. Das Knattern eines Motors, das Plaudern der Nachbarn, das Lachen eines Kindes. Der Geist schleicht vom Traum ins Bewusstsein und wieder zurück, bleibt irgendwo dazwischen in einem Zustand genüsslich meditativen Schwebens hängen. Erinnerungen, Fantasiefetzen drängen ins Bewusstsein gleich Marionetten, die über eine Bühne tanzen. Alles ist möglich in diesem federleichten Schwebezustand. Die Wirklichkeit ist so real wie der Traum, zwei oszillierende, sich ineinander verschränkende Welten.

Einst träumte er, schreibt der chinesische Philosoph Zhuangzi, der neben Laozius als wichtigster Vertreter des Daoismus gilt, dass er ein Schmetterling sei, »ein flatternder Schmetterling, der sich wohl und glücklich fühlte« und nichts wusste von Zhuangzi. Plötzlich wachte er auf: Da war er wieder wirklich und wahrhaftig Zhuangzi. Nun wisse er nicht, ob er

Zhuangzi sei, der geträumt habe, ein Schmetterling zu sein; oder ein Schmetterling, der geträumt habe, Zhuangzi zu sein. So, schreibt Zhuangzi, »ist es mit der Wandlung der Dinge«.[1]

So flatterhaft sie sein mögen, so sehr beeinflussen uns Träume, ja selbst die Träume der Menschen längst vergangener Zeiten beschäftigen uns noch heute. »Die Bilder, die im Zwielicht zwischen Schlaf und Wachen ins Bewusstsein traten, prägten das Denken und hinterließen ihre Spuren in Philosophie und Religion. So formten die Träume unserer Ahnen unsere Vorstellung, wer wir Menschen eigentlich sind«, schreibt der Wissenschaftsjournalist Stefan Klein.[2]

Und trotzdem hätten die Menschen in der westlichen Zivilisation die Brücke zwischen ihrer Tag- und Nachthälfte abgebrochen, schreibt der französische Anthropologe Roger Bastide. »Wir haben die nächtliche Hälfte unseres Lebens entwertet.«[3] Der Schlaf – den meisten ist er notwendige Ruhepause, um am Morgen umso produktiver arbeiten zu können. Der Nachhall der Träume wird spätestens mit den Resten der Zahnpasta heruntergespült. Und wer hätte schon Zeit für Tagträumerei?

Dabei erkunden wir im Oszillieren zwischen Wachen und Schlaf die Topografie unseres Bewusstseins. Ja, rein neurologisch gesehen, ist der Traum gar nicht so weit vom Bewusstsein entfernt. »Offenbar beschreibt der simple Gegensatz von Wachen und Schlafen die Möglichkeiten unseres Bewusstseins unzureichend«, schreibt Klein.[4] »Der Geist kann keineswegs nur anwesend oder völlig abwesend sein. In vielen, sogar den meisten Bewusstseinszuständen mischen sich Merkmale von Wachen und Träumen.«[5]

Im Jahr 2010 beschrieb der französische Neurophysiologe Michel Magnin die Prozesse des Einschlafens. Verschiedene Teile des Gehirns versetzen sich ihm zufolge zeitversetzt in den Ruhezustand. Während einige noch wach seien, hätten sich andere bereits heruntergefahren. Kontrolliert werde dies vom Thalamus in der Mitte des Kopfes, unserer Schaltzentrale, die die Signale unserer Sinne regelt. Man nennt sie daher auch das »Tor zum Bewusstsein«. Schließt es sich, kann das Großhirn keine Signale der Sinne mehr empfangen. Laut Magnin schaltet der Thalamus als Erstes herunter, während sich Großhirnrinde und damit das Bewusstsein noch in einem Wachzustand befänden.

Vor allem aber ist unsere Wahrnehmung der Welt viel weniger objektiv, als wir annehmen. »Die Augen sind nur der Auslöser, der Geist sieht«, schreibt der Neurowissenschaftler Giulio Tononi.[6]

Jede Sekunde treffe die kaum vorstellbare Informationsmenge von zehn Milliarden Bit auf unserer Netzhaut ein, schreibt Klein.[7] Das seien fünfzigmal mehr Daten, als ein Computer über den derzeit schnellsten Internetanschluss bekomme. Und doch sei es nicht diese Datenflut, die Erleben hervorrufe. »Denn in das Bewusstsein gelangt nur ein winziger Teil dieser Informationen – ungefähr 100 Bit pro Sekunde.«[8] Ein Zehnmillionstel dessen, was die Augen sehen. Offenbar lösche das Gehirn erst den größten Teil eines Bildes, um sich dann aus anderen Quellen ein neues zu schaffen, den sogenannten Assoziationsfeldern. Sie erst schaffen das Bild, das wir sehen.

Die Assoziationsfelder arbeiteten wie »ein Collagekünstler, der vorhandenes Material sichtet, passendes auswählt, es neu zusammenstellt und abwandelt«, so Klein.[9] Die Assoziationsfelder stützen sich dabei auf unsere gegenwärtige Wahrnehmung, doch auch auf die visuelle Erinnerung und all unsere sonstigen Kenntnisse der Welt. Wir sehen also nicht nur den Apfelbaum, der vor uns steht, sondern auch Bäume aus längst vergangenen Tagen, erinnern uns vielleicht an die Bäume aus dem Schulunterricht, den Geruch eines frischen Apfels.

Unser Gehirn, drei Pfund Wasser, Fett und Eiweiß, schafft eine Illusion, die uns zur Realität wird, unsere Identität kreiert. »Unsere Wahrnehmung der Welt ist eine Fantasie, die mit der Wirklichkeit zusammenfällt«, schreibt der britische Kognitionspsychologe Chris Frith.[10] »Wachen ist nichts anderes als ein traumartiger Zustand, der sich in einem Rahmen bewegt, den die Sinne ihm setzen«, sagt der kolumbianische Hirnforscher Rodolfo Llinás.[11]

Im Schlaf, so glauben inzwischen die meisten Neurowissenschaftler, verarbeite das Gehirn die ungeheure Informationsmenge, die tagtäglich auf es einprasselt. Es lernt, es ordnet, es verknüpft Informationen. Wichtiges werde dabei von Unwichtigem unterschieden und Belangloses gelöscht, um mehr Platz für neue Eindrücke zu schaffen, schreibt Klein.

Dabei helfen dem Menschen seine Gefühle. Sie diktieren ihm, was Lust erzeugt und was Furcht auslöst. Ja, der belgische Neurowissenschaftler Pierre Maquet glaubt, dass Gefühle das eigentliche Thema des Traums seien. Gleich einem Regisseur schaffe das träumende Gehirn einen Film, der unseren Gefühlszustand offenbart. »Wir empfinden kein Grauen, weil eine Sphinx uns bedrückt. Sondern wir träumen eine Sphinx, um das Grauen zu erklären, das wir empfinden«, schrieb einst der englische romantische Dichter Samuel Coleridge.[12]

Traum und Tagtraum sind also viel mehr als Hirngespinste. Sie ermöglichen uns, unser Gehirn zu bereisen. Sie offenbaren eine andere, verborgene Seite, die für unser Leben von größter Bedeutung ist. Warum sollte man ihnen also nicht ausgiebig Zeit gewähren?

Einmal wollte ich in der birmanischen Stadt Yangon ein Taxi nehmen. Ich hatte einen dringenden Termin und war in großer Eile. An der Ecke stand ein parkendes Taxi, der Fahrer, ein älterer Herr in einem langen weißen Hemd, lag auf dem Rücksitz, hatte die nackten Füße auf die Vorderlehne gelegt, eine Zeitung über seinen Bauch gelegt und träumte genüsslich vor sich hin. Als ich ihn fragte, ob er mich mitnehmen könne, schaute er mich erstaunt an, als könnte er kaum fassen, dass ihm in einem derart inopportunen Moment eine solch anmaßende Frage gestellt wurde. »Sehen Sie denn nicht, dass ich beschäftigt bin?«, fragte er entgeistert.

Er hatte natürlich recht. Der calvinistische Geist einer zwanghaften Betriebsamkeit übersieht die Schaffenskraft der Tagträumerei. Franz Kafka schrieb einmal von seinen »Träumen, die schon ins Wachsein vor dem Einschlafen strahlen«.[13] Der chinesische Song-Gelehrte Xiu Ouyang erklärte, er habe seine beste Schriftstellerei auf dem Kissen, dem Rücken eines Pferdes und auf der Toilette getan. Der Philosoph und

Mathematiker René Descartes löste im Bett mathematische Probleme. Das erkannten auch irgendwann seine jesuitischen Lehrer, die ihn vorher mit Eimern kalten Wassers morgens zum Aufstehen bewegen wollten. Er erhielt das Privileg, ausschlafen zu dürfen.

Die aspirierende Träumerin und Faulenzerin vermag sich in die Tradition eines beeindruckenden Pantheons von Schriftstellern, Philosophen, Künstlern und Wissenschaftlern zu stellen, die der genüsslichen Herumliegerei ein Loblied gesungen haben. Ja, sie kann sich auf eine Philosophie des Träumens beziehen, die Lin Yutang in *The Importance of Living* präzisiert. Der chinesische Philosoph, schreibt Lin, träume mit einem offenen Auge, denn er wisse um seine Vergänglichkeit. Dieses Wissen ermögliche es ihm, den Versuchungen von Ruhm, Reichtum und Leistung zu widerstehen. Und aus dieser Loslösung erwachse seine Liebe zur Freiheit, zum Vagabundentum, zur Nonchalance. »Das Leben ist ein Traum, und wir menschliche Wesen sind wie Reisende, die den ewigen Fluss der Zeit herabtreiben. Wir steigen an einem bestimmten Punkt ein und an einem anderen wieder aus, um jenen Platz zu machen, die bereits flussabwärts darauf warten, das Boot zu betreten. Die Hälfte der Poesie des Lebens wäre verschwunden, wenn wir nicht spürten, dass das Leben ein Traum sei, eine Reise oder zumindest eine Bühne, auf der den Schauspielern selten bewusst wird, dass sie nur eine Rolle spielen.«[14]

Das Badehaus

In einer Winternacht liege ich in der Badewanne. Die Berghütte eines Freundes hat nur ein Plumpsklo und lange kein Bad. Dann aber haben die Freunde draußen am reißenden Gebirgsfluss ein Badehaus gezimmert. Es ist winzig, bietet gerade mal Platz für die alte Badewanne mit den Löwenfüßen, einen Kleiderhaken, einen Stuhl und eine Ablage. Die Freunde haben eine Pumpe eingebaut, die das Wasser heranzieht, und einen Holzofen, der es erhitzt. Warm gluckert das Wasser in die Wanne.

Darin liege ich jetzt und wärme die klammen Glieder. Draußen ist es bitterkalt, das Ufer wird von einer dicken Schneedecke bedeckt, die Zweige neigen sich unter der Last des Schnees. Die Berge lassen sich im Dunkeln nur erahnen. Durch ein Panoramafenster im Dach sehe ich die Sterne. Der Fluss rauscht, das brennende Holz knackt. Bisweilen höre ich das Lachen der Freunde, die in der Berghütte kochen.

Ich sinke tiefer ins Wasser. Wie großartig, den müden Körper in Wärme zu tauchen, ihn ziehen zu lassen wie einen Beutel Tee. Was für eine Errungenschaft für eine Spezies, die ihre schmutzigen Leiber jahrtausendelang in eiskalte Flüsse stippen musste. Und winters wahrscheinlich ganz darauf verzichtete. Stinkend und müffelnd rotteten sich unsere Vorfahren in eisigen Höhlen zusammen. Wer's warm haben wollte, musste näher an seinen streng riechenden Nachbarn rücken.

Wenn ich die Zivilisation für eines liebe, dann für die Möglichkeit, relativ unkompliziert ein Bad nehmen zu können – ohne stundenlang Wasser aus einem Brunnen zu schöpfen, es heimzutragen und mühsam über einem Feuer zu erhitzen. Man stelle sich vor, man lebe im alten Rom, wo ein Besuch der Therme zu den sozialen Höhepunkten des Tages gehörte. Man traf sich, um zu baden, zu plaudern, politisieren, intrigieren, Pläne zu schmieden oder zu entspannen. Man machte Gymnastik, ließ sich massieren, maniküren oder die Haare schneiden. Allein um 400 nach Christus wurden elf öffentlich zugängliche Thermen und 856 Privatbäder gezählt.

In der Badewanne werde ich ein besserer Mensch, hier habe ich die zündendsten Ideen. Arbeitgeber sollten ihren Mitarbeitern stets die Möglichkeit geben, zwischendrin ein warmes Bad zu nehmen – ich bin mir sicher, dass der Erfolg durchschlagend wäre. Ein Bad versöhnt mich noch mit dem fiesesten Tag. Im heißen Wasser vor sich hin schrumpelnd verzeiht es sich leichter. Zumutungen, Gemeinheiten, die Anstrengungen des Tages, sie alle werden vom heißen Dampf gnädig vernebelt. Eine heiße Wanne macht jede zur Kleopatra – umso mehr, wenn auf der Ablage – so wie jetzt – ein Glas Rotwein wartet und eine Kerze Schatten auf den Holzwänden tanzen lässt.

Ich lasse mich tiefer ins warme Wasser sinken, beschließe, so lange hier auszuharren, bis die Haut meiner Finger schrumpelig geworden ist.

Aaaaaahhhhh.

Nur ein Satz

Es regnet, als das Taxi durch das nächtliche Peking gleitet. Die Lichter der Stadt verschwimmen im Regenschleier auf den Taxifenstern. Wir sind am Ende unserer Reise angekommen. Es war die Idee meines Chefs gewesen, dass wir uns gemeinsam auf eine zweiwöchige Chinareise begeben sollten. Er, der fünfzigjährige Starreporter, und ich, die dreißigjährige Jungredakteurin. Mir hatte ein wenig vor dieser Reise gegraut. Natürlich, ich bewunderte sein Schreiben, die Leichtfüßigkeit seines Erzählens, die Schönheit seiner Sprachbilder, doch erschien er mir so schweigsam und verschlossen, dass ich mir beim besten Willen nicht vorstellen konnte, wie wir zwei Wochen gemeinsam rumkriegen sollten. Worüber sollten wir reden?

Auf der Reise bemerkte ich, dass er gar nicht so schweigsam war. Er betrieb nur keinen Small Talk. Er unternahm nichts, um die Stille, die zwischen zwei Menschen, die sich nicht gut kennen, leicht unangenehm werden kann, zu füllen – mit Belanglosigkeiten oder einem hastig gesuchten Thema. Wenn er nichts zu sagen hatte, sagte er nichts.

Anfangs fand ich das ein wenig unangenehm. Da er die Stille aber offenbar nicht als störend empfand, beschloss ich, das Gleiche zu tun. Überraschenderweise war es befreiend. Ich hörte auf zu plappern und ließ stattdessen den Weg auf mich wirken – die Weite, den Rhythmus, die Unendlichkeit der Straße.

Er schwieg oft – wenn er aber etwas erzählte, war es eine gute Geschichte. Er wählte schöne Wörter und Sätze, seine Geschichten hatten einen Anfang und ein Ende, sie folgten einer Dramaturgie und enthielten eine Pointe oder Erkenntnis.

Bald sprachen wir über vieles. Ich begann, den Sound unseres Trips zu mögen, die ganz bestimmte Melodie, die sich stets auf der Reise mit einem anderen Menschen entspinnt. Als liefe im Hintergrund eine Musik, zu der sich die Beteiligten bewegen. Wir waren im Crackdown in die tibetischen Gebiete gefahren, hatten Tage auf holprigen Pisten und Nächte in einfachen Unterkünften verbracht und dabei das halbe Land durchquert. Wir hatten Klöster, Mönche, Nonnen und Weise jeder Glaubensrichtung besucht und viel dabei gelernt.

Am Ende unserer Reise logierten wir in Peking in einem Hotel, das einst zu den besten des Landes gezählt hatte, inzwischen aber stark in die Jahre gekommen war. Wir waren uns einig, dass wir den runtergewohnten Charme mochten. Den Abend hatten wir mit einem ehemaligen Kollegen von ihm verbracht, einem Mann, der seit Jahrzehnten in China lebte und fast alles zu wissen schien. Er war eine wandelnde Enzyklopädie, ein sprechendes Telefonbuch, bestens vernetzt, witzig, schnell, geistreich.

Im Laufe des Abends wurde ich immer stiller. Im Taxi sagte ich gar nichts mehr. Er bemerkte es. »Was hast du?«, fragte er.

Ich sagte lange nichts. »Ach«, sagte ich dann mutlos. »Der weiß alles über China und ich so gut wie nichts.« Ich hatte Sinologie studiert, sprach Chinesisch und wusste, dass mich meine Zeitung in den folgenden Jahren als Korrespondentin nach China schicken würde. Wie sollte ich der Aufgabe gewachsen sein?

Er hörte mir aufmerksam zu, drehte dann seinen Kopf weg und sah auf die nächtliche Stadt hinaus. Ich glaubte, er habe unser Gespräch bereits vergessen. »Weißt du«, sagte er schließlich, »das ist wie die Hintergrundmusik auf einem Konzert. Du hörst sie. Und dann trittst du auf die Bühne und spielst dein eigenes Lied.«

Ich schaute aus dem Fenster und lächelte. Ich spürte, dass er mir einen Satz geschenkt hatte, den ich mein Leben lang mit mir tragen würde. Am liebsten wäre ich ihm um den Hals gefallen, doch das traute ich mich nicht. Also sah ich ihn nur im Dunkeln an und sagte: »Danke. Das. Ist. Schön.« Und ich hoffe, er hat durch die Nacht und den Regen hindurch gespürt, wie sehr ich mich freute.

Fado

Fast wären wir an der Kneipe vorbeigelaufen, einem rauchigen Eckschuppen in Lissabon, vor dem ein paar alte Männer saßen. Doch dann drang eine Melodie heraus, die uns anzog, in die Bar hineintrug. Drinnen war es dunkel und schummrig, ein schmuckloser Raum, in dem schwere Holztische standen. Die Wände waren, wenn ich mich richtig erinnere, mit den betrunkenen Barweisheiten vieler Jahrzehnte vollgekritzelt. Noch lief Musik vom Band. Auf den Stühlen saßen ein paar Touristen, aber auch portugiesische Rentner, was wir als gutes Zeichen lesen wollten.

Der Besitzer, ein weißhaariger Mann mit einem beeindruckenden Bauch, verströmte einen knurrigen Charme. Mein Kumpel und ich setzten uns auf die letzten verbliebenen Plätze. Wir teilten uns einen Tisch mit einem französisch-polnischen Paar. Er stellte sich als französischer Chansonsänger vor, sie war eine polnische Fitnessberaterin. Sie waren seit zwei Jahren verheiratet und wirkten auf turtelige Weise glücklich, wobei ich mir beim besten Willen nicht vorstellen konnte, wie sie ihren Alltag bewältigten, denn sie hatten keine gemeinsame Sprache. Sie lebten in Südfrankreich, wo sie sich im Sommerurlaub der Polin kennengelernt hatten. Sie sprach fast kein Französisch und auch kein Englisch, er kein Polnisch. Ab und an rief die Polin: *Mais c'est fou!,* und warf dramatisch die Arme in die Luft. Daraufhin brachen die beiden in schallendes Gelächter aus. So ging das den ganzen Abend lang. Ich mochte sie auf Anhieb.

Der Franzose bestellte eine Karaffe Wein und vier Gläser und sagte vorbeugend: »Ich werde in den nächsten Stunden viel weinen, denn ich bin ein emotionaler Mensch.« Ich legte meine Großpackung Taschentücher daneben, grinste und sagte: »Ich auch.«

Die Vorstellung begann. Der Besitzer der Kneipe war Fadosänger, im Laufe des Abends kamen seine Freunde, Fadosänger und -sängerinnen aus der ganzen Stadt, in seine Bar, um ein paar Lieder zu singen. Junge Männer und alte Frauen, *stage animals* und solche, die fast schüchtern wirkten, bis sie mit ihren ersten Strophen das Publikum in ihren Bann zogen. Sie waren überwältigend. In ihren Stimmen lag so viel Traurigkeit und Sehnsucht. Es war, als beteten sie, und wir hörten zu. Ich begriff nur wenige ihrer Worte, und doch war mir, als könnte ich ihren Schmerz, ihr Sehnen verstehen. Die Teile meines Gehirns, die kontrollierten, wurden leiser, schalteten ab, übergaben an andere, bis da nur noch Fühlen war. Ein Ozean, weich, weit, aufbrandend und abebbend.

Die Polin merkte vor mir, dass mir die Tränen über die Wangen liefen. Sie zog meinen Kopf auf ihre

Schulter, gemeinsam lauschten und weinten wir. Der Franzose trompetete in sein Taschentuch, selbst meinem stets um Contenance bemühten Freund stand schimmernde Rührung in den Augen. An den Nebentischen wurde geschluchzt.

Es war wie ein Ritual, ein Moment kollektiver Katharsis. Wir ließen alles los. Jahrelang archivierte Schmerzen, Enttäuschungen, Abschiede, Trauer über verlorene Freunde und verflossene Lieben, unerlöstes Sehnen, Jahre der Selbstgeißelung, alles floss heraus, ein Strom der Tränen, der seinen Weg durch die Altstadt Lissabons nahm, sich in den Tejo ergoss, der ihn direkt ins weite Meer spülte.

Und ist es nicht nachvollziehbar, dass hier, so nah am Meer, eine Musik geboren wird, die sich ganz der *Saudade* verschreibt, der Sehnsucht nach etwas, das fehlt, abhandengekommen ist oder nie da war?

Der Fado erzählt von Melancholie, Fatalismus, Traurigkeit, Verrat, aber auch von Freude, Liebe, Kampf und Widerstand. Er zelebriert den Moment, die Intensität des Gefühls. Seine Anfänge liegen im Dunkeln, bekannt wurde er erstmals Mitte des 19. Jahrhunderts, als Seeleute begannen, ihn zu singen. Der Fado war die Musik der Docks, der Hafenkneipen, der Viertel, in denen viel zu viele Menschen auf viel zu kleinem Wohnraum lebten. Hafenarbeiter, die den Schiffen hinterhersahen, die sie mühsam beladen hatten und mit denen sie doch nie davonzogen. Der *Fado vadio*, der Fado der Vagabunden, wurde frei gesungen, ganz ohne Noten. In den Vierteln der Bessergestellten genoss er keinen guten Ruf.

Das änderte sich erst durch Maria Severa Onof-

Das Versteck

Der Mais steht so hoch, dass er uns Kinder verdeckt. Über unseren Köpfen bilden die Maisstauden ein Dach, darunter riecht es nach Feuchtigkeit und Erde. Wenn wir still sind, können wir das Rufen der Amsel hören, das Rauschen des Bachs, das Flüstern der Pappeln.

Das Maisfeld ist unser neues Lieblingsversteck. Manchmal ziehen die Düsenflugzeuge des benachbarten Militärflughafens über uns ihre Kreise. Sie üben. Deutschland ist im Kalten Krieg.

Mein Freund zieht die Walkie-Talkies aus der Tasche. Wir kichern.

»Wir sind die Russen und sind gekommen, um euch zu holen!«, krähen wir nacheinander mit unseren Kinderstimmchen und dringen damit ins Funknetz der Piloten ein.

»Wo seid's ihr?«, schimpfen sie. »Hört's endlich auf mit dem Schmarrn, Kinder!«

»Wir sind soooooo viele!«, rufen wir, der Rest wird von unserem Lachen erstickt.

»Gleich haben wir euch!«, drohen die Piloten direkt über uns. Doch das Maisfeld schützt uns, eine weite Fläche wogender Stauden. Und wir liegen lachend darunter, noch lange nachdem die Flugzeuge verschwunden sind.

Sterne schauen

Wie liegen im Gras und schauen in den Nachthimmel. Klar, so klar, dass wir vage die Drehung der Milchstraße zu erkennen meinen. Versuchen zu erfassen, was wir sehen, doch hinter den leuchtenden Sternen warten die matteren und dahinter noch mattere und mattere und mattere. Je weiter wir unseren Blick schärfen, desto tiefer zieht es uns ins Universum hinein. Als fielen, flögen wir in den Nachthimmel hinein. Schweben schwerelos, mit den Armen sanft im All rudernd. Winzige Astronauten.

Die Erde liegt schon weit hinter uns, als wir zurückschauen. Ihr Mosaik aus Bergen und Ozeanen, Wüsten und Kontinenten, sie ruft uns zurück, und im Fallen, zeitlupenträge, erblicken wir uns selbst, nachts auf einer Wiese liegend, und fragen uns, wie wir auch nur eine Sekunde lang vergessen konnten, dass alles, bis zum letzten Pantoffeltierchen, ein großes Wunder ist.

Eislaufen

Der Morgen klirrt vor Kälte. Voll Vorfreude springen wir aus den Betten. Heute könnte es endlich so weit sein. Wir rennen zum See. Und tatsächlich: Da liegt er, weiß wie eine Winterfantasie, die ersten Frühaufsteher schlittern über seine gefrorene Fläche.

Wir stürmen heim, schnappen die Schlittschuhe und rennen zum See. Staksen unsicher auf seine Fläche, dick eingemummte Staksstörche, die über den Sommer alles vergessen haben. Wir rudern mit den Armen, ein Bild des Jammers, dann aber werden unsere Schritte länger, gleitender, und plötzlich ist es zurück, der Schwung, der Fluss, die Eleganz, die Schnelligkeit, die Atemwolken, die roten Backen, die Freude über die Kälte, die Euphorie, über das Eis zu gleiten. Das wunderbare Geräusch, wenn Kufen scharren, sich beim Stoppen im Eis verhaken. Schnee stiebt auf, wer will noch gehen, wenn man schon gleiten kann.

Wir schlängeln uns an den Stämmen vorbei, die das Eis bevölkern. Eisstockschießer, Eishockeyspieler, Partypeople, die frenetisch auf dem Eis herumhüpfen,

Glühweintrinker, Hundehalter, auf Turnschuhen Rumrutscher, Menschen, die so sorgsam mit Besen den Schnee vom Eis kehren, als stünden sie in ihrem Vorgarten. Immer findet sich auf dem Eis ein Checker, ein Virtuose, der vor sich hin gleitet, als hätte ihm die Nationalmannschaft gerade Freigang gewährt. Pirouetten drehend, springend, selbstvergessen eine ganze Choreografie abfahrend.

In Peking war das Herr Li. Herr Li war ein kernig aussehender Alter, der gern eine Schieberkappe trug, und wenn stimmt, was er erzählte, war er eine Zeit lang professioneller Eisläufer gewesen. Er fuhr wie ein junger Gott. Herr Li nahm mich sofort unter seine Fittiche, wie das so oft in China der Fall ist. Man geht zur Kletterhalle, und schon adoptiert einen ein selbst erklärter Kletterlehrer; man zieht sich die Rollschuhe an, und schon kommt neben einem eine ehrgeizige Rollschuhlehrerin zum Stehen. Die Leute machen das nicht für Geld, sondern weil sie Spaß daran haben. Vielleicht auch, weil der Status des Lehrers so anerkannt ist. In China nennt man fast jeden Meister oder Chef, wobei die Begriffe seit einigen Jahren etwas inflationär gebraucht werden. Die Betreiberin einer Ein-Frau-Dumplingbude ist die Frau Chefin, der Taxifahrer ein Meister, der Straßenkehrer ebenso.

Herr Li jedenfalls erbot sich umgehend, mir ein paar neue Tricks beizubringen. Elegant kreiste er um mich herum und korrigierte meine Haltung, stob dann davon, um ein paar Sprünge und Pirouetten hinzulegen, um gleich zu mir zurückzurasen, eine Mutterente, die nach ihrem Küken sah. Um uns herum entfaltete sich der wunderbare Eislaufwahnsinn, der sich jedes Jahr aufs Neue auf den Seen der Innenstadt abspielt. Peking ist ein Eislaufparadies. Die Winter sind kalt und klar, in der Innenstadt reihen sich mehrere Seen hintereinander. Über deren Fläche rasen jetzt Menschen auf Schlitten, das Eis mit spitzen Skistöcken traktierend. Eisläufer versuchen, ihnen panisch mit den Armen rudernd zu entkommen. Eine Gruppe Schüler müht sich, zu ohrenbetäubender Musik eine Choreografie auf dem Eis einzustudieren.

Brummige Alte in den alten Mänteln der Volksbefreiungsarmee bieten auf mobilen Öfen gegrillte Süßkartoffeln an. Verkäufer bieten plärrendes, blinkendes Kinderspielzeug feil, mit dem in der Folge zahlreiche Kinder plärrend und blinkend spielen. Männer fotografieren ihre Frauen, Mütter ihre Kinder und Frauen mit Schmollmund sich selbst. Eine Gruppe älterer Ladys stampft am Ufer zu grauenhafter Discomusik. Ein Eispolizist ruft mit einem Lautsprecher Eisrowdys zur Ordnung. Es ist sehr laut, und das ist nach Ansicht der meisten Anwesenden gut so, gilt es doch in China als Ausdruck größten Vergnügens, wenn eine Aktivität *renao*, also laut und heiß ist.

Es gibt im Chinesischen keinen wirklich äquivalenten Ausdruck für die sehr deutsche Redensart »Ich will meine Ruhe haben«. Wiederholt haben aus Deutschland zurückkehrende chinesische Freunde und Bekannte ihre Verwunderung darüber zum Ausdruck gebracht, dass bei uns so wenige Leute auf den Straßen unterwegs seien. »Wo sind die nur alle?«, fragte eine Bekannte. Selbst in der Berliner Innenstadt sei es ihr viel zu leer gewesen. »Das war mir ein wenig unheimlich. Außerdem gehen die Deutschen so langsam.«

Auf dem Pekinger Eis geht gar nichts langsam. Die Luft klirrt vor Kälte, es ist sonnig und klar. Wir fahren und fahren, bis uns fast die Zehen abfrieren. Morgen kommen wir sicher wieder.

Sommer

Er kam ganz plötzlich, wir hatten ihn in diesem Jahr schon abgeschrieben. Begraben unter Regentagen, einem Tief, das dem anderen folgte. Noch im Mai trugen wir Winterjacken, wann kommt er nur, fragten wir und fühlten uns, als warteten wir auf Godot.

Dann aber bricht er mit aller Wucht über uns herein, zieht uns aus unseren Verschlägen, Höhlen, Kammern. Wir blinzeln wie Nachtwesen, die das Licht nicht gewohnt sind, blicken erstaunt in die Sonne, die auf unsere winterbleiche Haut scheint. Noch haftet uns der Kokon der Winter-Introvertiertheit an, da reißt uns schon die lusttrunkene Sommermeute mit. Die Stadt schwirrt, summt, brummt und flattert, die Terrassen der Cafés füllen sich bis auf den letzten Platz, Blicke kreuzen sich, Fuchsaugen allerorten, plötzlich wird wieder gelächelt, ich dachte, das können wir hier nicht. Haben hier vorher eigentlich auch so viele schöne Menschen gewohnt?

Die Schritte werden leichter, federnder, man trifft auf der Straße Menschen, die man kennt. Noch ein Eis, einen Kaffee, einen Aperol, Gruppen sammeln und trennen sich, der sonnentrunkene Nachmittag öffnet sich zur warmen Nacht. Wir ziehen weiter, nur nicht heimgehen, solange die Luft noch so schmeichlerisch um die Waden spielt.

Der Sommer kommt mit einem Arsenal an Sommergerüchen, Sommergeräuschen, Sommergeschmäckern. Der Geruch nach blühenden Gräsern, Erdbeeren, Aprikosen, Himbeeren. Das Platschen bei einem Sprung in den See. Die ganze Stadt voller Eisdielen. Alles schleckt und nascht und will noch eine Kugel mehr.

Mit einem Mal werden wir verwöhnt. Jeder Baum lädt dazu ein, seine Decke darunter auszubreiten. Jedes Flussufer, sich dort langzumachen. Jede Bank, dem Tag genüsslich beim Vergehen zuzusehen. Leute schauen.

Die Parks füllen sich. Verliebte, lärmende Familien, Sportler. Sie tanzen, boxen, machen Yoga, stemmen Hanteln, keuchen unter Liegestützen, spielen Volleyball, Fußball, Handball, Federball und Frisbee. Hunde hecheln, Kinder quieken, da ist der Mops, der zum Stolz seines Besitzers selber mit dem Skateboard fährt. Alle sind draußen, zeigen sich, lachen, flirten, trinken, tanzen. Wollen Sommer riechen, atmen, werden.

Sommerwiesen. Von Hummeln umspielt. Abends zirpen die Zikaden.

Du radelst durch die nächtliche Stadt, die sich aufbäumt, schwingt, vibriert unter all der Sinnlichkeit und Abenteuerlust. Immer ist irgendwo ein Fest. Auf einem Boot, in einer U-Bahn-Station, unter einer Brücke, immer spielt irgendwo ein Musiker oder DJ, und ein paar Feierwütige tanzen dazu. Plötzlich das

Geräusch von lauten Trommeln und einem Dudelsack, tanzende syrische Musiker holen ein Brautpaar zur Hochzeit ab. Alle Nachbarn sammeln sich, die Musiker springen in die Luft, der Dudelsack kreischt, alle klatschen, laufen hinterher.

Du willst nicht heim, weil dich die Nacht trägt, weil die Wärme einfach nicht aufhören will. Als du schließlich ins Bett sinkst, breitet sich satte Freude in dir aus. Dies ist erst der erste Sommertag, und ihm werden weitere folgen. Es ist, als hättest du ein klitzekleines Stück Kuchen probiert, und der Rest stünde noch vor dir. Unendlich verheißungsvoll duftend.

Eleganz

Man muss sich nichts vormachen. Eleganz ist ein Kampf gegen Windmühlen. Kaum hat man sich ein weißes Hemd angezogen, landet darauf ein Spaghettifleck. Gerade hat man sich vor dem Nagelsalon auf sein Rad geschwungen, da springt die Kette raus. Mühsam versucht man, sie wieder reinzufriemeln, und steht Minuten später mit ölig schwarzen Händen und abgebrochenem Nagellack auf der Straße.

Es ist, als gönne das Leben dem Menschen maximal nonchalante Verstrubbeltheit. Und warum sollte man sich auch – solange Armut, Krieg und Ungerechtigkeit nicht abgeschafft sind und das Weltklima auf Rettung wartet – allzu lange mit dem schönen Schein aufhalten?

So dachte ich, bis ich nach Dakar zog. Der Hauptstadt eines Landes, in dem, so könnte man meinen, die Menschen anderes zu tun hätten, als sich um den schönen Schein zu kümmern. Zwar gilt es als Anker der Stabilität und des Friedens in einer instabilen Region, gleichzeitig aber steht es vor gewaltigen Herausforderungen. 75 Prozent der Familien leiden unter chronischer Armut. Es gibt sehr viele junge Menschen, aber nur sehr wenige Jobs.

Und doch ist die Eleganz allgegenwärtig. Man begegnet ihr selbst dort, wo man sie nicht erwartet. An den Rändern, wo die Stadt langsam ausfranst und die Häuser keine Fassaden haben; wo sich Pferdekarren unter die Autos mischen, der Wind weggeworfene Plastiktüten tanzen lässt und die Luft nach Staub schmeckt. Es sind die Viertel, deren Bewohner sich drei, vier Stunden am Tag in überfüllte Busse zwängen müssen, um einem Job im Zentrum nachzugehen, wenn sie denn einen haben.

Viele schlagen sich halt so durch – doch wer wollte sich das ansehen lassen wollen? Durch die Gassen schreiten Damen, die aussehen, als hätte man sie zu einem Ball geladen, dabei kaufen sie nur die Dinge des Alltags ein. Prinzessinnengleiche Wesen treten aus Häusern, die sich seit Jahren im Status des Rohbaus befinden. Die leuchtend bunten Kleider auf Maß geschneidert, die Foulards, Tücher im gleichen Stoff, kunstvoll um den Kopf gewunden. Make-up, Perücke, Maniküre, Pediküre, sitzt alles perfekt und wird durch die stolze Haltung, den wiegenden Gang in Szene gesetzt. *Jongué* heißt die senegalesische Kunst der Verführung. In einem Land, in dem ein Drittel aller Verheirateten in Vielehe lebt, ist sie zur verfeinerten Kulturtechnik geworden, eine Folge oft erbitterter Konkurrenz.

Ohnehin ist Eleganz in Senegal kollektive Obsession. Viele Männer tragen den *Boubou*, den traditionellen Hemdanzug. Jüngere T-Shirts und gestrickte Wollmützen, ein muslimisch korrektes Outfit, mit dem man problemlos in jeden Berliner Club kommen würde. »Sich gut anziehen ist wichtiger als Essen«, besagt ein Sprichwort der Wolof, der größten Ethnie des Senegal. Vor großen Feiertagen wie dem muslimischen Opferfest nehmen viele Kredite auf, damit die ganze Familie neu eingekleidet werden kann. In manchen zieht man sich im Laufe des Tages zwei- oder dreimal um. Würde, Grazie, Respekt, das sind hier herausragende Werte.

Die Eleganz begegnet einem in vielerlei Gestalt. Herrscht hier doch eine Kultur des leichtgeflügelten Wortes, des charmanten Kompliments, des federleichten Schlagabtausches, die es an guten Tagen zu einer Freude machen, sich durch die Stadt treiben zu lassen. Es leben hier viele schöne Menschen. Abends, wenn sich die Strände in ein großes Freilicht-Fitnessstudio verwandeln, ringen, pumpen und laufen sie sich in Form. Rudel joggingbehoster Männer spielen Fußball oder keuchen im Takt kollektiver Sit-ups. Studentinnen hüpfen zu wummerndem Afrobeat. An der Corniche, der Straße, die sich an der Atlantikküste entlangwindet, stehen Hunderte Fitnessgeräte, die der chinesische Staat in einer fantastisch durchdachten PR-Aktion verschenkt hat. In China reiben sich daran die Rentner das Rheuma aus dem Rücken, hier arbeiten sich die Jungen und Muskelbepackten daran ab.

Der große Auftritt wird in Senegal zelebriert – und selbst von denen praktiziert, die wenig haben. Oft ist er das Ergebnis kollektiver Anstrengung, vor allem bei Festen und Zeremonien. Wer keine passende Handtasche hat, leiht sie sich von einer Freundin, wem der ergänzende Goldschmuck fehlt, der springt eine Nachbarin bei.

Eine Stadt wie Dakar birst von Designern, Schneidern und modeverrückten Kunden. Da es keine industrielle Kleidungsproduktion gibt, ist so gut wie jedes Hemd und jedes Kleid ein Einzelstück. Unzählige Schneider bevölkern die Stadt. An vielen Straßenecken sieht man die winzigen Ladenlokale, in denen sie bis spät in die Nacht im Schein der Neonröhren an ihren antiquierten Nähmaschinen malochen. Ein senegalesischer Schneider benötigt kein Schnittmuster. Er oder sie nimmt Maß, lässt sich ein Foto des gewünschten Modells aufs Telefon schicken, Tage später kann man das Stück abholen – wenn er es nicht selber liefert.

Oft habe ich mich gefragt, warum Menschen, denen es an vielem mangelt, einen so großen Teil ihrer Zeit und ihres Geldes in die Pflege ihres Äußeren stecken. Der westliche Tourist fällt in Dakar hingegen oft durch Schlabberigkeit und optisch grauenhaftes Schuhwerk auf. Ein krasser Gegensatz zu den Passanten ringsum, die sich wahrscheinlich eher pfählen lassen würden, als mit solchen Schuhen vor die Türe zu treten.

Die Frage stellte sich mir umso dringlicher, als ich einmal ins Nachbarland Burkina Faso reiste. Während Dakar in der Region als eine Art Los Angeles gilt, ein Ort urbaner kosmopolitischer Eleganz, ist Burkina Faso eines der ärmsten Länder der Welt. Lange galt es als Ort der Stabilität und Toleranz, dann aber drang der islamistische Terror aus dem Nachbarland Mali hierher. Noch im Jahr 2013 gab es keinen einzigen

Terroranschlag in Burkina Faso, allein zwischen 2019 und 2020 zählte das African Center for Strategic Studies 516 Terroranschläge. Weite Teile des Landes sind inzwischen unregierbar geworden, die Grenzen werden von Terroristen kontrolliert, auch die Hauptstadt Ouagadougou wurde in der Vergangenheit vom Terror heimgesucht.

Die Reisende erwartet also Checkpoints, Sicherheitskontrollen, massenhaft Polizei und Soldaten. Findet aber zu ihrer Überraschung nichts davon. Die Stadt wirkt lebensfroh, weitläufig, gut organisiert, selten hat man in einer afrikanischen Stadt mehr Ampeln gesehen als hier.

Vor ihnen sammeln sich am Morgen die Radfahrer. Ouagadougou ist eine Stadt der Radler. Sie bevölkern die Straßen, ergießen sich über die Kreuzungen, begleitet von vielstimmigem Klingeln, Klappern, Schleifen, in das sich das Hupen der Motorradfahrer mengt. Das Fahrrad ist das Fortbewegungsmittel all jener, die sich kein Auto oder Motorrad leisten können, die meisten von ihnen sind Frauen. Bei glühender Hitze – im April hat es hier schon morgens um zehn Uhr annähernd 40 Grad – kämpfen sie sich durch den Verkehr.

Und doch tun sie dies geishagleich: den Kopf erhoben, das Kreuz gerade, die Frisur sitzt perfekt. Eine Frau mit blonder Perücke streckt ihren Arm anmutig wie eine Balletttänzerin zum Abbiegen aus. Eine Mutter navigiert voll Grazie ihre zwei schlafenden Kinder durch die Kolonnen – das eine auf dem Rücken, das andere auf dem Kindersitz. Wie seltene Vögel segeln sie durch den Ruß des Verkehrs.

Je länger ich ihnen zusehe, desto mehr erscheint mir ihre Eleganz als Akt des Widerstands, der stummen Rebellion. Als hätten sie beschlossen, sich eben nicht von den tausend Widrigkeiten des Lebens plattmachen zu lassen.

Die Liebe zur Schönheit floriert in Ouagadougou selbst unter widrigsten Umständen. Vor dem Großen Markt, einem audiovisuellen Rundumerlebnis, haben Frauen ein riesiges Freiluft-Schönheitsstudio aufgebaut. Die Kundinnen sitzen auf Plastikstühlen, einige tragen Peelings und Masken im Gesicht. Man feilt Fingernägel, manikürt Füße, flicht Zöpfe, malt Henna-Tattoos, trägt Lidschatten auf. Über alldem liegt das Lachen und Plaudern aus Dutzenden Frauenkehlen, das jäh erstirbt, sobald ein Polizist auftaucht, um die Frauen zu verscheuchen, die hier, so sagt er, nicht sitzen dürften, weil sie die Zufahrtswege versperrten. Da stehen sie dann mit ihren halb geflochtenen Haaren, ihren halb manikürten Fingern, warten, bis der Polizist aus dem Sichtfeld verschwunden ist, setzen sich wieder, bis er erneut heranstürmt. So geht das, wieder und wieder, ein nie enden wollendes tägliches Ritual. Eleganz als Rebellion und Selbstermächtigung.

Doch natürlich liegen die Dinge komplizierter. In westafrikanischen Gesellschaften ist die Rolle der Frau sehr viel traditioneller, auch wenn Frauen oft arbeiten und wichtige gesellschaftliche Positionen besetzen. Schönheit ist *de rigueur,* ein Muss. Das gilt umso mehr, wenn wie vielerorts in Westafrika die Institution der Vielehe existiert und Frauen in ständiger Angst leben, von einer Nebenbuhlerin in der Gunst ihres Mannes verdrängt zu werden.

Einmal fügte mich eine Freundin einer WhatsApp-Gruppe namens *Astuces entre Femmes* zu, »Tricks unter Frauen«. Etwa hundert Frauen aus dem frankophonen Westafrika versammeln sich dort, um Ratschläge auszutauschen. Es ging um Psychologie, Schönheit, Emotionales, Sexualität, Rezepte. Meine Freundin sagt, es gäbe unzählige Gruppen wie diese. Jeden Tag gingen Hunderte von Nachrichten ein, mein Telefon war permanent am Brummen, es war, als blickte ich plötzlich in wildfremde Schlafzimmer.

Die Frauen diskutierten eine Vielzahl von Problemen, und doch zog sich ein Thema wie ein Leitmotiv durch alle Konversationen: die Angst vor der anderen. Der Rivalin. Nebenfrau oder Geliebte. Manchmal schien es sie tatsächlich zu geben, dann wieder stand sie nur als Ahnung, als Gespenst im Raum. Die Untreue des Mannes schien den Frauen im Chat eine unumstößliche Tatsache zu sein, unvermeidlich wie eine Naturgewalt. Die meisten Ratschläge dienten dem Ziel, das scheinbar Unausweichliche abzuwenden.

Lege ein rohes Ei auf die Straße und lasse ein Auto drüberfahren, er wird keine andere nehmen. Ziehe jeden Tag einen andersfarbigen Slip an. Bleiche deine Haut, lackiere deine Nägel, sei perfekt. Esse ein Mentholbonbon, bevor du ihn oral befriedigst, oder trinke Pfefferminztee. Ignoriere die erste, die zweite, die dritte Geliebte. Lächle, wahre Contenance. Es war, als wäre der Mann ein unendlich kostbares Kleinod und seine Zuneigung zerbrechlich wie ein rohes Ei. Wann immer er vor die Tür trat, lief er Gefahr, von einer anderen aus dem Heer perfekt geschminkter verführerischer Frauen geschnappt zu werden.

Eleganz wird somit zu einer Waffe in einem erbittert geführten Kampf. Und doch glaube ich, dass darin noch etwas anderes liegt. Ein Mensch, der seine Liebe zur Schönheit und Eleganz noch unter widrigsten Umständen aufrechterhält, zeigt damit auch, dass er sich von diesen Umständen nicht besiegen lassen möchte; dass sie nicht einfach nur eine Rolle annehmen will, die eine Laune des Schicksals ihr zugeworfen hat, sondern selbst am Drehbuch ihres Lebens schreiben möchte.

In Ouagadougou lernte ich Nafi kennen, eine bezaubernde junge Frau, die bei einem Freund, einem algerischen Tuareg, täglich acht Stunden lang als Putzfrau arbeitete. Sonntags hatte sie frei. In den Pausen lernte sie für die Abendschule. Sie saß dann am Tisch und schrieb in runder Schrift französische Vokabeln ab.

An einem besonders heißen Tag erschien sie in einem spektakulären roten Abendkleid mit freien Schultern zur Arbeit. Ich fragte sie, ob sie am Abend noch etwas vorhabe, was sie verneinte. Ich glaubte, sie würde sich zum Putzen umziehen, doch das tat sie nicht. In ihrem Abendkleid wischte sie bei glühender Hitze die Treppen, putzte die Böden, spülte die Teller. Sie sah hinreißend aus und hatte doch keine Zuschauer, niemand konnte sie in diesem Haus sehen. Der Schweiß tropfte ihr von der Stirn, und doch wäre sie in jeder Sekunde perfekt gekleidet für einen unerwarteten Glücksfall gewesen: eine Preisverleihung, eine Audienz beim Präsidenten, die Einladung zu einem rauschenden Ball. Sie sah aus wie eine Frau, die das Blatt ihres Lebens jederzeit wenden könnte. Als könnte sie im nächsten Moment abheben.

Und ich bin sicher, das wird sie auch tun.

Der Flop

Die Turnhalle riecht, wie alle Turnhallen riechen. Als würden die Hausmeister der Republik in sämtlichen Sporthallen eine genau abgestimmte Duftmischung verteilen. Mit der Pumpe auf dem Rücken laufen sie über quietschende Kunststoffböden und versprühen ein Raumaroma, das von einem anämisch schönen Duftkreateur aus Antwerpen entworfen wurde. Ein wenig Magnesium, Deodorant der Marken, die Teenager lieben, eine Spur von Parfüm, Schuhen und Schweiß.

Wir sind euphorisch angespannt, wie immer, wenn wir vor der großen Weichbodenmatte stehen. Ziehen die Schnürsenkel nach. Machen alberne Witze. Beobachten die Wettkampfhelfer, die die Latte der Hochsprunganlage einen weiteren Zentimeter hinaufsetzen. Sie wackelt noch kurz, dann liegt sie ruhig in ihrer Verankerung, vermessen weit oben.

Durchatmen. Und los. Ein Bein fliegt vor das andere, immer schneller werdend, das Sprungbein springt ab, Drehung, Hüfte, Oberkörper, der vordere Arm fliegt zuerst über die Latte, jetzt der Kopf, einen Moment lang schwebt er waagrecht, dreht sich dann hintenüber, das Kreuz biegt sich durch, spannt sich so weit es geht, jetzt nicht die Latte berühren, nun die Beine, die Latte hängt noch immer bewegungslos in ihrer Verankerung, und ich fallefallefalle, mir ist, als geschähe alles in Zeitlupe, meine Schultern kommen auf der Matte auf, ich spüre die Schwere meines Gewichts, sinke tief in die schmatzende Weichbodenmatte, sie gibt immer mehr nach, bis ich schließlich liege, verschwitzte Haut auf kühler Plastikhaut. Schaue nach oben. Da, weit oben am Turnhallendach, dringt die Sonne durch die Oberlichtfenster, malt Streifenmuster an die Wand. Euphorie breitet sich in Wellen in meinem Körper aus. Ich spüre das Blut in meinen Händen pulsieren. Fühle die Muskeln und Nerven. Alles fühlt sich wach an.

Der Flop, der Flop, der Flop. Wir springen höher und höher, die Latte wandert Zentimeter um Zentimeter nach oben. Du läufst von links an und ich von rechts.

Du wirst höher springen als ich. Wirst weitermachen, wenn ich längst ausgeschieden bin. Wirst die Locken schütteln und breit grinsen, Grübchen links, Grübchen rechts, und umwerfend dabei aussehen. Es stört mich nicht, dass du besser springst. Es ist mir egal, ob uns irgendwer zuschaut. Es interessiert mich nicht allzu sehr, welche Zahl der Schiedsrichter am Ende unter meinen Namen notiert. Alles, was zählt, ist dieser Moment. Das Lachen, die Scherze, die Albernheiten. Dass ich weiß, dass du gerade genauso fühlst wie ich. Diese Momente vor der Hochsprunganlage, sie gehören uns.

Es liegt ein unendliches Vergnügen darin, hoch in die Luft zu springen, die Kraft der Beine zu spüren, einen winzigen Moment lang zu glauben, man habe die Kräfte der Schwerkraft besiegt, um dann kopfüber auf einer weichen Matte zu landen. Da ist kein Nachdenken, kein Zweifel, der Körper verschmilzt mit der Bewegung, Geist und Körper werden eins, sind Flop geworden.

Als ich den Flop lernte, träumte ich auch in den Nächten darauf unaufhörlich, wie ich über die Latte flog. Sprang wieder und wieder, wie aufgezogen, von Geisterhand bewegt. Unermüdlich, unerschöpflich, jedes Detail war mir präsent.

Ähnlich ging es Robert Stickgold, einem Biochemiker, der an der Harvard-Universität forscht. Nach einer langen Bergtour lag er im Bett, hatte aber immer noch das Gefühl, sich an den Felsen hochzuziehen. »Ich konnte den Fels in meiner Hand buchstäblich fühlen. Aber mir kam es nicht so vor, als riefe ich diese Ereignisse hervor. Etwas in meinem Gehirn schien sie von selbst zu erzeugen.«[1]

Stickgold konzipierte daraufhin ein Experiment. Er ließ Versuchspersonen ein paar Stunden am Tag Tetris spielen. In den Nächten darauf träumten jene Versuchspersonen, die bislang wenig Erfahrung mit dem Spiel hatten, davon. Im Schlaf lernt das Gehirn. Es übt dabei unter anderem auch Prozesse ein, bis sie sich verselbstständigen, automatisch und damit unbewusst werden, schreibt der Wissenschaftsjournalist Stefan Klein.[2] Sie werden zu automatischen Routinen. Wir müssen uns nicht mehr darauf konzentrieren oder gar nachdenken, sie funktionieren schneller.

Im Jahr 2005 entdeckte der Hirnforscher Matthew Walker die Mechanismen, durch die das Gehirn im Schlaf lernt. In der Nacht verstärken sich die Verbindungen zwischen Hirnzellen in Zentren, die Bewegungen steuern. Aber auch Vokabeln oder Matheübungen fallen leichter, wenn man sie nach einer Nacht Schlaf wiederholt.

Das, was mir nachts mit dem Flop widerfuhr, erlebte ich auch, nachdem ich zum ersten Mal snowboarden war oder den Purzelbaum im Wasser übte. Nächtelang drehte ich mich im Wasser, ohne jemals aufzutauchen. Mein Geist übte so lange, bis die Bewegung automatisiert, völlig ins Unbewusste eingedrungen war. Der Körper läuft wie auf einer Schiene. Im Flop wird er völlig frei.

Öffentliche Verkehrsmittel

Öffentliche Verkehrsmittel sind ein oft unterschätztes Vergnügen. Dabei handelt es sich um eine der einfachsten Zerstreuungen des Alltags. Schon der französische Schriftsteller Victor Hugo fuhr gern auf der oberen Etage eines Doppeldeckerbusses durch die Stadt, er nannte die Busse »reisende Balkone«. Sein Biograf Edouard Drumont schrieb 1900, dass der ohrenbetäubende Lärm von Paris den gleichen beruhigenden Effekt auf ihn hatte wie Meeresrauschen.

Ich hatte mal einen Kollegen, der bevorzugt in der Berliner Ringbahn an seinen Büchern und Artikeln arbeitete. Dort könne er sich konzentrieren, sei für sich und doch in Gesellschaft, sagte er. Und wann immer ihm nach einem Kaffee sei, hole er ihn sich kurz bei einer Bahnsteigbäckerei.

Der öffentliche Nahverkehr bietet nicht nur die Möglichkeit, die exotischen Gefilde der eigenen Stadt zu erkunden. Orte, von denen man nie erfahren hätte, hätte man sie nicht zufällig auf einem Verkehrsnetzplan entdeckt – wo sie einen augenblicklich durch den betörenden Klang ihrer Namen locken. Was ist wohl *le dernier cri* in Holzapfelkreuth? Wie amüsiert sich die Bewohnerin des Hultschiner Damms? Wird man in Nachtheide die erwarteten Moorlichter und Waldkäuze antreffen?

Erst im öffentlichen Nahverkehr bekommt man ein Gefühl dafür, wer noch so alles in dieser Stadt wohnt. Die Dame, die aussieht, als hätte sie mit ihrem Pudel denselben Schönheitssalon aufgesucht. Der Punk, der liebevoll sein Frettchen streichelt. Die Matrone, deren schmalen Ehemann ich im ersten Moment für ein weiteres ihrer Kinder gehalten habe.

Wer in der Kunst des unauffälligen Mitlauschens versiert ist, wird Zeuge wundervoller Konversationen werden. Ja, ganz allgemein eignet sich der öffentliche Nahverkehr für soziologische Studien – das gilt vor allem für die Zeit vor der Pandemie, die Maskenpflicht schränkt das Vergnügen zugegebenermaßen ein. Wo sonst kann man unauffällig die neuesten Codes und Modeerscheinungen breiter Bevölkerungsschichten studieren?

Im öffentlichen Nahverkehr trifft sich die halbe Stadt: die Schnorrer und Sauberkeitsfanatiker, die Extrovertierten und Neurotiker, die Strengreligiösen und die Sexpartygänger, die Alten, Jungen, Rechten, Linken, sie alle müssen einen Weg finden, mindestens drei Minuten lang miteinander klarzukommen. Das klappt nicht immer reibungslos, doch hin und wieder – vor allem bei Busausfällen oder Schneetreiben – kommt es zu ungeahnten Momenten der Verbrüder- oder Verschwesterung.

Der öffentliche Nahverkehr verfügt über großes ungehobenes Potenzial. In der Türkei etwa, so erzählte mir ein Freund, würde er gern zur Kontaktanbahnung genutzt. Wer jemanden kennenlernen möchte, setzt sich im Bus auf die Einzelplätze und lächelt viel. Ein Freund von ihm fahre manchmal einen ganzen Samstag lang durch die Stadt und habe so schon einige Beziehungen eingefädelt.

Wann immer ich in eine neue Stadt komme, probiere ich den öffentlichen Nahverkehr aus, denn wo lernt man mehr über den Beat einer Stadt? In Prag beeindruckte mich die Raumschiffhaftigkeit der U-Bahn, in Tokio freute ich mich über die Leser, die jedes Zeitungsblatt ordentlich klein falten, damit es den Sitznachbarn nicht stört, in Pjöngjang staunte ich über die Palastartigkeit der U-Bahn-Gebäude. Nirgends aber erlebte ich ein schillernderes Transportwesen als in Nairobi, der Hauptstadt Kenias. Dort zirkulieren Matatus, bunt bemalte Busse, die zu ohrenbetäubender Musik durch die Straßen flitzen, von den Passagieren auch »Discos auf Rädern« genannt.

Die berühmtesten starten in Ronggai, einer Vorstadt, die 17 Kilometer südlich des Zentrums von Nairobi liegt. Auf der Hauptstraße hört man den Beat schon von Weitem. Er treibt Passanten vor sich her, lässt Fenster erzittern, signalisiert jedem Passanten: Hier wartet nicht nur ein Bus. Hier steht ein feuerroter Blitz. Ein leuchtend rotes Ungetüm mit Riesenspoiler, das seine silbernen Aufbauten trägt wie einen Panzer. Neben den Rücklichtern prangt eine Leiste bunter Lampen, die flimmernd im Takt des Beats aufleuchten. Der Rückspiegel ist in roten Samt gehüllt, Malereien zieren das Chassis. Darunter ein Schriftzug mit dem Namen des Busses: *Mixtape*.

Wem das für ein Fahrzeug des öffentlichen Nahverkehrs extravagant erscheint, der sollte einsteigen, sich in einen der rot-schwarzen Sitze fallen lassen und sich auf ein audiovisuelles Rundumerlebnis gefasst machen. Der Bass ist jetzt so laut, dass er einen tief in den Sessel drückt, Lichtorgeln drehen sich, auf Videoleinwänden lassen Hip-Hop-Tänzerinnen ihre Hüfte kreisen, während auf einer Kinoleinwand Jackie Chan seine Gegner vermöbelt.

Vor dem Bus vollführt Schaffner Benarnd ein paar wieselschnelle Tanzschritte. Er steckt sich eine Kippe in den Mund, dreht sich in der Luft und rennt los, flitzt wie eine Flipperkugel, um seine Fahrgäste einzusammeln: »Bahnhof Nairobi. Steigen Sie ein. Wir sind die Schnellsten. Unser Sound ist der beste, der Komfort ein Traum. Bei uns können Sie was erleben, steigen Sie ein!«

Seine Haare hat er zu dünnen Dreads gewunden, in die rechte Augenbraue ist ein Muster rasiert, zwischen seinen Lippen blitzt ein versilberter Schmuckzahn. Style ist alles in diesem Geschäft.

Man könnte Benarnd schläfrig als Schaffner bezeichnen und das Fahrzeug, in dem er arbeitet, als Bus. Doch würde das einem von ihnen auch nur im Geringsten gerecht werden? Benarnd ist Schaffner, Entertainer, Problemlöser, Fashion-Idol, Junge für alles. Er drückt verirrte Kühe von der Fahrbahn, besticht korrupte Verkehrspolizisten, bezirzt genervte Fahrgäste. »Makangas« nennt man solche wie ihn in Kenia. »Matatus« heißen die Busse, in denen sie arbeiten.

Es gibt Matatus für jede Altersklasse, jeden Geldbeutel und jeden Musikgeschmack. Hip-Hop, Reggae,

Ragga, Afrobeat, Gospel und traditionelle Musik. Matatu-Besitzer konkurrieren darum, den aufregendsten Bus auf die Straße zu bringen, ein rollendes Gesamtkunstwerk. Dazu muss ein gewöhnlicher Bus, meist ist es ein japanisches Modell aus zweiter Hand, »gepimpt« werden. Besonders schillernde Exemplare wie Mixtape nennt man »Manyangas«. Sie gelten als Businessclass des öffentlichen Nahverkehrs. Jeder von ihnen hat ein Thema: Batman, Spiderman, *House of Cards*, Rihanna, The Kardashians.

Es gibt den Matatu Minerva mit der Aufschrift *Respect the ladies who make the babies* genauso wie den Matatu *I am a boss*, den das Konterfei eines pelzgewandeten strassbrillentragenden Gangsters ziert. Es gibt Pop-, Fußball- und Serien-Matatus. Die gesamte internationale Popkultur wird hier gesampelt. In einigen Bussen werden Boxkämpfe übertragen, in anderen kann man Serien schauen, viele haben Wifi. Manyangas sind die Businessclass des Nahverkehrs.

Matatus sind Teil einer einzigartigen urbanen Kultur. Sie bilden einen sehr informellen Industriezweig. Es gibt keine offiziellen Preise oder Haltestellen, ja noch nicht mal eine offizielle Linienkarte, anhand derer sich Passagiere orientieren könnten. Trotzdem funktionieren die etwa 130 Linien der Stadt erstaunlich gut. Für einen schicken Manyanga zahlen die Gäste das Doppelte des normalen Fahrpreises.

100 Kenia-Schilling kostet eine Fahrt »Mixtape«, umgerechnet 86 Cent, zu Stoßzeiten sind es sogar 150 Schilling. Vielen ist es das wert: Mit einem heißen Bus in die Schule gefahren zu werden, ist ein Statussymbol, mit dem sich schon Schüler preisen. Es gibt

Passagiere, die zum Spaß Matatus fahren, etwa um sich die neuesten Serien und Musikvideos anzusehen.

Matatus werden geliebt und gehasst. Wenig andere Städte können sich eines Nahverkehrs rühmen, der so bunt, schillernd und freudvoll ist, gleichzeitig stehen Matatus für die Gesetzlosigkeit einer zutiefst korrupten Gesellschaft. Die Fahrer halten sich selten an Verkehrsregeln, die Verkehrspolizisten lassen sich ausgiebig schmieren, Gestalten der Unterwelt sind im Matatu-Business tätig. Und weil viele Politiker ebenfalls in diesen Zweig investiert haben, wird er nur unzureichend kontrolliert. Matatus erzählen von der Jugend in einem Land, in dem die allermeisten jung sind. 80 Prozent der Bevölkerung Kenias sind jünger als 35 Jahre. Es sind Matatus, die die Kultur und Sprache der Jugend im ganzen Land verbreiten und es dabei auf dramatische Weise verändern. Matatus sind ein Spiegel der Gesellschaft. An ihnen lassen sich die Themen ablesen, die gerade im Trend sind, sagt Moha, einer der berühmtesten Matatu-Graffitikünstler. »Sie sind wie eine Zeitung.« Der Künstler Dennis Muraguri sagt: »Sie sind, was immer wir sind.«

»Es geht los!«, ruft Schaffner Benarnd mit einem gellenden Schrei. Der Fahrer drückt die Hupe, es macht ein Geräusch, als würde auf dem Jahrmarkt gleich ein Fahrgeschäft abheben, Mixtape fährt los. Passanten glotzen, junge Männer hängen sich von außen an Türen und Fenster des Busses; stoppt er, springen sie runter und legen eine kurze Tanzeinlage hin.

Der Bus fährt jetzt ein auf die lange Straße, die durch den Nairobi-Nationalpark Richtung Innenstadt verläuft, ein Rudel Pinselschweine flüchtet quiekend in die Böschung. Benarnd hält sich von außen am Bus fest, sein Kopf zuckt zum Beat, während er durch das Fenster mit einer Passagierin flirtet. In seinem Job, sagt er, erlebe man jeden Tag etwas Neues. Die neuesten Gerüchte, die neuesten Looks, der neueste Slang, man lebe am Puls einer Stadt, die sich jeden Moment neu erfindet. Eines Tages, sagt er, werde er sich selbst einen Manyanga kaufen, den schönsten und protzigsten von allen. Er werde sein Konterfei auf dem Heck tragen und seinen Spitznamen: »kleiner Mann«.

Mixtape erklimmt einen Hügel. Dahinter breitet sich unter schweren Gewitterwolken die Stadt aus wie ein afrikanisches Gotham: Nairobi, 6,5 Millionen Einwohner. Verheißung, Moloch, Melting Pot. Vor ein paar Jahren war das Verbrechen hier so verbreitet, dass man sie »Nairobbery« nannte, Stadt des Verbrechens. Heimat der Jung-Entrepreneure, Techies und Künstler, die Apps für den ganzen Kontinent entwickeln.

»Silicon Savannah« nennt man Nairobi auch, in Anlehnung an das Silicon Valley. Heimat der verwunschenen Parks und legendären Clubs, der gigantischen Slums, der Parkvillen im britischen Stil, der indischen Tempel und anglikanischen Kirchen, ist sie eine der dynamischsten Städte Afrikas. Der Entrepreneur wird hier gefeiert, jeder zweiter Uber-Fahrer erzählt einem von einer zündenden Geschäftsidee, die Straßenverkäufer haben eine erstaunliche Dichte von Buchtiteln im Angebot, die sich der Mehrung des Reichtums widmen.

Wem das nicht hilft, der kann auf einen der Wunderheiler zurückgreifen, deren Zettel allerorten an

Bäumen und Straßenlaternen kleben: »Dr. Eru. Verlorene Liebhaber. Verlorene Gegenstände. Familienangelegenheiten. Hochzeit. Reichtum. Bessere Geschäfte. Manneskraft.«

Wir flitzen weiter. Benarnd lässt die Beine zum Beat zucken, auf der Leinwand erledigt Jackie Chan ungefähr seinen siebzigsten Gegner. Es ist laut, es ist großartig, eine lärmende Lustfahrt.

Durchs Gras rollen

Das Gras riecht so neu, frisch, verheißungsvoll, dass wir nicht anders können: Wir werfen uns hinein und rollen, rollen, rollen. Den Körper mit dem Duft von Wiesenblumen imprägnieren, im Grün baden, uns auf die Wiese legen, die Arme ausstrecken und diesen unfassbaren blauen Himmel trinken. Wir ziehen die Schuhe aus, zupfen die Socken von den winterblassen Füßen, da liegen sie in der Sonne, bleich wie Nacktmulle.

Wir laufen die ersten Schritte übers Gras, noch feucht vom Tau, Grashalme kitzeln auf den Fußinnenseiten, die nicht gewohnt sind, anderes zu spüren als den Kokon dicker Socken. Wir werden schneller, lachen, jagen uns, lassen uns fallen, ziehen den betörenden frischen Grasduft in die Nase, eine Komposition aus Kräutern, Blumen, feuchter Erde, Frühling, eine sanfte Note Kuh und Schaf. Wir werfen uns ins Gras, Sonnenstrahlen ertasten unsere Gesichter. Dann kletterst du auf mich, und wir rollen, Arm in Arm, mal du oben, mal ich, wir rollen die sanften Hügel hinunter, und wann immer du oben bist, sehe ich dein lachendes Gesicht im Rahmen des blauen Himmels.

Es ist das Bild, das mich durch den Sommer tragen wird.

Tee

Dampfend fließt der Tee in die Tasse, dehnt sich leichte Wellen schlagend aus, bis seine Oberfläche still daliegt, betörenden Duft entfaltend. Ein kleines Universum in einem Gefäß. Die Welt schrumpft einen Moment lang auf diese Tasse zusammen, bevor sie sich langsam wieder ausdehnt, weiter, klarer, wacher, vom Aroma des Tees beseelt. Wenige Genussmittel haben weltweit mehr Enthusiasmus ausgelöst als der Tee. Kriege wurden in seinem Namen geführt, er hat die Zivilisationen ganzer Völker geprägt, Tee war eines der ersten Massenkonsumgüter der Welt. Er hat Musiker, Künstler und Literaten von Weltruhm befeuert, wer weiß, wie vielen Werken überhaupt erst der Tee zur Existenz verhalf?

Man trinkt die Blätter der Camellia sinensis so gut wie überall. Stark und milchig in Indien, mit einem Löffel Marmelade in Russland, mit dem Öl der Bergamotte zu Earl Grey verfeinert in Großbritannien, süß und stark in der Türkei, mit Bergen Zucker zu schaumigem Ataya geschüttelt in Westafrika, salzig und buttrig in der Mongolei. Man genießt sie zu Dim

Sum in Hongkong, feiert sie in der japanischen Teezeremonie und findet sie in China allerorten: im Zug, im Hotel, überall gibt es heißes Wasser, um die mitgebrachten Teeblätter aufzugießen.

Tee ist eines der wenigen Genussmittel, auf die sich Menschen aller Religionen, Kulturen und Diäten verständigen zu können scheinen – während sich die Geister an Alkohol, Kaffee und Zucker scheiden. Erst beflügelte der Tee China und schließlich den Rest der Welt. Poeten vieler Sprachen haben seine Segnungen gepriesen. Man findet darunter so eingefleischte Teeisten wie den chinesischen Daoisten Lu Tong (795–835), den die aufgebrühten Teeblätter geradewegs zu den Bergen von Penglai, ins Reich der Unsterblichen, führen.

»Die erste Tasse befeuchtet meine Lippen und meinen Hals«, schreibt er in einem Gedicht namens »Sieben Tassen Tee«. »Die zweite Tasse bricht meine Einsamkeit. Die dritte Tasse durchdringt meine ausgedörrten Innereien und findet dort nichts als fünftausend Rollen Schrift. Die vierte Tasse führt zu leichtem Schweiß, während ich all die Ungerechtigkeiten, die ich in meinem Leben erleiden musste, durch meine Poren ausstoße. Die fünfte Tasse reinigt Fleisch und Knochen. Die sechste Tasse ruft mich in das Reich der Unsterblichen. Die siebte Tasse muss ich gar nicht mehr trinken. Ich spüre nur den leichten Wind unter meinen Armen, auf dem Weg zu den Bergen von Penglai. Ich, der Meister des Jadeflusses, reite auf reinem Wind und wünsche mir heimzukehren.«[1]

Der britische Poet Samuel Johnson (1709–1784) hätte mit Lu Tong literweise Kannen leeren können, beschreibt er sich doch als »schamlosen Teetrinker«.[2] Für den russischen Schriftsteller Alexander Puschkin (1799–1837) ist »Ekstase ein Glas Tee und ein Stück Zucker im Mund«.[3] Sein Kollege Fjodor Dostojewskij (1821–1881) bekennt: »Ich sage, die Welt mag untergehen, ich aber will immer meinen Tee trinken.«[4] Ein Multitoxer wie der Musiker Mick Jagger gesteht: »Ich habe schreckliche Angewohnheiten: Ich trinke meinen Tee um drei.«[5]

»Der Pfad zum Himmel geht durch einen Teetopf«, besagt ein britisches Sprichwort. Ein indisches: »Wenn es heiß ist, kalt ist, wenn du glücklich oder traurig bist, immer ist es Zeit für Tee.« »Keinen Tee zu trinken ist, wie nicht auf der Welt zu sein«, sagen die Russen. Oder: »Tee sollte sein wie ein weiblicher Kuss – stark, heiß und süß.« Was ein wenig an das westafrikanische Sprichwort erinnert: »Das erste Glas ist bitter wie der Tod, das zweite frisch wie das Leben und das dritte süß wie die Liebe.« »Wer immer auch König sein mag, Tee ist die Königin«, sagen die Iren. Und so könnte man endlos weitermachen.

Dabei begann die Karriere des Tees einst bescheiden – als Medizin und Mundwasser. Die Camellia sinensis soll erstmals in den Provinzen Yunnan und Sichuan angepflanzt worden sein, an den Grenzen des chinesischen Reiches. Der Legende zufolge soll der mythische Kaiser Shennong (2737–2697 vor Christus) durch einen Zufall das Teetrinken entdeckt haben. Tatsächlich wurde er wohl zuerst in der Han-Dynastie (206 vor bis 220 nach Christus) zu medizinischen Zwecken konsumiert.

Dem Tee wurden und werden viele heilsame

Eigenschaften zugeschrieben. Er sollte das Leben verlängern und diente als Mundwasser – Tee enthält Fluorid. Dass Tee allein dafür eventuell nicht ganz ausreichend sein könnte, zeigen Jahrtausende später die Schilderungen des Leibarztes des Großen Vorsitzenden Mao Zedong. Mao spülte sich die Zähne lediglich mit grünem Tee, der Zustand seines Gebisses soll grauenhaft gewesen sein. Mangelhaft wie auch seine Intimpflege. Er wasche sich, so soll der Große Vorsitzende laut den Worten seines Leibarztes gesagt haben, in den Tausenden jungen Frauen, die ihm zugeführt wurden – und verbreitete so zahlreiche Geschlechtskrankheiten.

Anfangs waren nicht alle von den Segnungen des Tees überzeugt. Einige Autoren warnten, man werde bei exzessivem Konsum davon aufgehen wie ein Frosch. Doch ungeachtet ihrer Warnungen sollte der Tee schon bald seinen Siegeszug antreten. Es waren die daoistischen und buddhistischen Klöster, die den Teekonsum ab Mitte des 8. Jahrhunderts verbreiteten. Ja, schon bald sollte der Tee integraler Bestandteil des Chan-Buddhismus werden.

Chan ist der chinesische Vorläufer des im Westen sehr viel bekannteren japanischen Zen. Als der Buddhismus aus Indien nach China gelangte, verwob er sich dort mit dem chinesischen Daoismus.

Für die Mönche war der Tee in vielerlei Hinsicht ein Segen. Er wuchs auf Hügeln, dort, wo sich auch viele Klöster befanden. Er half ihnen, bei ihren langen Meditationssitzungen wach zu bleiben. Die Legende will, dass Bodhidharma, der Gründer des Buddhismus, in einer tiefen Meditation versunken war, die mehrere Jahre ohne Unterbrechung andauern sollte. Als die Zeit fast abgelaufen war, überkam ihn der Schlaf. Aufgewacht, schnitt er seine Augenlider ab, um zu verhindern, dass sie erneut zufielen und seine Meditation unterbrachen. Seine Augenlider fielen zu Boden und wurden dort zur Teepflanze, dessen Blatt an die Form eines Augenlids erinnert.

Vor allem aber ermöglichte das Teetrinken den Mönchen, eine Geselligkeit zu teilen, von der sie vorher ausgeschlossen waren. Früher waren die Mönche durch ihre Abstinenz von vielen sozialen Begegnungen ausgeschlossen gewesen, bei denen Alkohol getrunken wurde. Nun begann Tee, einen Platz einzunehmen, der vorher nur dem Alkohol zugekommen war. Mönche wurden zur Avantgarde, zu Missionaren des Tees, schreibt James Benn in *Tea in China*.

»Das neue Getränk restrukturierte das Sozialleben.«[6] Bald besuchten Literaten und Beamte die Klöster, um eine neue Ernte zu probieren, mit den Mönchen zu trinken und zu philosophieren. Neue Verbindungen und Gemeinschaften wurden geschaffen, eine Kultur des Tees, die noch heute existiert. Manchmal fuhr ich mit einer Freundin in ein kleines verstecktes Chan-Kloster in der Nähe von Peking, mit dessen Mönchen sie befreundet war. Kaum waren wir angekommen, brühte der Klostervorsteher kunstvoll Kanne um Kanne, ließ uns neue Sorten probieren, während wir stundenlang plauderten und lachten, über Ursprung und Gemeinsamkeiten der Religionen philosophierten.

Das neue Getränk begeisterte die Literaten, die schon bald die Segnungen des Tees besangen. Mitte des 8. Jahrhunderts, in der Tang-Dynastie, schrieb Lu Yu, der als Waise von buddhistischen Mönchen aufgezogen worden war, den »Klassiker des Tees«. Ein durchschlagender Erfolg, der viel zum Siegeszug des Tees beitrug. Später sollten ihn Teehändler als Gott und Weisen des Tees verehren und ihm Heiligenstatuen widmen.

Bald setzte sich das Teetrinken auch im Volk durch. Der neue Brauch ging dabei Hand in Hand mit der Urbanisierung im frühen modernen China. Tee wurde zu einem ersten Massenkonsumgut. Er brachte eine völlige Neuorientierung der chinesischen Kultur.

Mit der Zeit wurde den Mönchen das Teetrinken selbst zur religiösen Praxis. Spätestens in der Song-Dynastie (vom 7. bis 13. Jahrhundert) avancierte der Tee vom poetischen Zeitvertreib zur Methode der Selbstverwirklichung. Mönche und Nonnen versammelten sich vor dem Bild des Bodhidharma und tranken den Tee aus einer einzigen Schale mit der tiefen Förmlichkeit des heiligen Sakraments. Tee zu trinken, sollte eine ähnliche religiöse Bedeutung annehmen, wie gemeinsam das Brot zu brechen, schreibt James Benn. Wie bei der Meditation versinkt der Praktizierende ganz im Hier und Jetzt.

Die Teekultur verfeinerte sich indessen immer weiter. Im *Traum der Roten Kammer*, dem berühmten chinesischen Roman aus dem 18. Jahrhundert, besucht die männliche Hauptfigur Jia Baoyu ein buddhistisches Nonnenkloster, um dort Tee zu genießen. Eine junge Nonne bietet der Matriarchin Tee an, der mit dem Regenwasser des vergangenen Jahres gebraut wurde. Als sie Baoyu ein wenig später einen ganz besonderen

Tee reicht, ist der begeistert und fragt, ob auch dieser mit Regenwasser gebraut wurde. Die Nonne ist entsetzt. »Oh, kannst du wirklich nicht den Unterschied schmecken? Das ist geschmolzener Schnee, den ich vor fünf Jahren von den Zweigen eines Pflaumenbaums gesammelt habe, der im Winter blühte. Seit wann hätte gelagertes Regenwasser eine solche Leichtigkeit? Wie könnte man es je für einen solchen Tee nutzen?«[7]

Die Szene ist satirisch überspitzt und zeigt doch die Höhen der Kennerschaft, zu denen ein wahrer Teeliebhaber imstande war.

Nirgends aber erlebte die Teekultur eine solche Verfeinerung wie in Japan, das Buddhismus und Tee aus China importierte. »Im fünfzehnten Jahrhundert veredelte ihn Japan zu einer Religion der Ästhetik, dem Teeismus«, schreibt Okakura im *Buch vom Tee*. Tee wird zu einer Religion der Lebenskunst. Die Teestube zu einer Oase inmitten der tristen Ödnis des Lebens. »Der Teeismus ist ein Kult, der auf der Anbetung des Schönen unter den schmutzigen Begebenheiten des Lebens beruht«, schreibt Okakura.[8] »Der Außenstehende mag sich über diesen scheinbaren Lärm um nichts wundern. Was für ein Sturm in einer Teetasse, wird er sagen. Aber wenn wir bedenken, wie klein die Tasse des menschlichen Vergnügens ist, wie schnell sie mit Tränen gefüllt ist, müssen wir uns nicht die Schuld geben, zu viel aus der Teetasse zu machen.«[9]

Laut Okakura gibt es keine Kunstdisziplin, die die Teemeister nicht beeinflusst hätten.[10] Sie haben die klassische Architektur, die Gartenkunst und Inneneinrichtung revolutioniert. Sie beeinflussten die Keramik, die Kunst des Blumensteckens, die Textilherstellung, Malerei und Lackkunst, Kochkunst und Lebensführung. »Sie haben unsere natürliche Liebe zur Einfachheit betont und uns die Schönheit der Demut gezeigt. Tatsächlich ist der Tee durch ihre Lehren in das Leben der Menschen eingetreten«, schreibt Okakura.

Unterdessen erreichte der Tee immer weitere Teile der Welt. Pferde brachten ihn über schwindelerregende Bergpässe nach Tibet, Kamele schaukelten ihn über die Wüstenrouten der Seidenstraße, Dschunken schipperten ihn nach Südostasien, arabische Händler transportierten ihn durch die Wüsten der Halbinsel, Tuareg trugen ihn auf dem Rücken ihrer Kamele durch die Sahara.

Noch heute kann man anhand der Aussprache die alten Handelsrouten des Tees ausmachen. Die Länder, die ihn aus Nordchina über die Seidenstraße bezogen, nennen ihn nach dem nordchinesischen *cha* – *chai*, jene, die ihn über den Seeweg aus Südchina bekamen, bezeichnen ihn nach dem südchinesischen *ti* – *tea*, *thé*, *te*, Tee.

1610 brachten die Schiffe der Dutch East India Company die ersten Ladungen Tee nach Europa. Anfangs gab es Widerstand gegen den »schmutzigen Brauch«, wie ihn der britische Gelehrte Henry Savile nannte, zudem waren die Kosten exorbitant hoch. Doch schon bald verbreitete sich das Teetrinken in wahnwitziger Geschwindigkeit. Viele der Kaffeehäuser Londons wurden in der ersten Hälfte des 18. Jahrhunderts zu Teehäusern. Dort gab es nicht nur

Tee und Süßigkeiten, es wurde auch getanzt. Die Tea Rooms waren äußerst populär, denn sie waren die ersten Etablissements, die junge Frauen in männlicher Begleitung besuchen durften, ohne damit die Empörung der guten Gesellschaft auf sich zu ziehen.

Den Abstinenzlern kam das neue Getränk wie gerufen. Industrialisierung und Urbanisierung hatten den Alkoholkonsum in Großbritannien gewaltig befeuert. Eine äußerst aktive Abstinenzbewegung kämpfte gegen den Trunk, der auch den Ambitionen von Politikern und Fabrikbesitzern widerstrebte. Die sich neu entwickelnde Industriegesellschaft brauchte verlässliche Arbeiter.

Mitte des 18. Jahrhunderts hatte Tee in Großbritannien das Bier als populärstes Getränk abgelöst. In den 1840er-Jahren wurde der Tee zum formellen sozialen Ritual, in einer Art Anlehnung oder Parodie der chinesischen Teezeremonie: der *Five o'Clock Tea.* »Tee ist eine der Säulen der Zivilisation in diesem Land, und die Frage, wie er zubereitet werden sollte, führt zu gewaltsamen Disputen«, schreibt der Schriftsteller George Orwell.[11]

Es ginge dabei um so bedeutende Fragen wie die beste Form für eine Teetasse, ob man kochendes Wasser für den Aufguss verwenden und wie stark der Tee sein sollte. »Der umstrittenste Punkt« aber sei, ob man erst den Tee in die Tasse gießen sollte, um dann die Milch zuzufügen, oder es andersherum handhaben solle. »Tatsächlich gibt es wahrscheinlich in jeder Familie in Großbritannien zwei Denkschulen in dieser Frage.«[12]

Die Briten kauften jede fünfte Teekiste, die in

China hergestellt wurde. Für die britische Regierung war der Tee damit von äußerster Bedeutung. Etwa jedes zehnte Pfund Sterling, das die Regierung an Steuern einnahm, stammte vom Import und Verkauf von Tee, schreibt Sarah Rose in *For All the Tea in China*. Teesteuern finanzierten den Bau von Eisenbahnschienen und Straßen, Beamtengehälter und Schulen, sie waren unverzichtbar für den Aufbau eines stets größeren Empire, in dem die Sonne niemals unterging.

Das Problem aus Sicht Englands war allerdings, dass das chinesische Kaiserreich ein fast gänzliches Monopol auf Tee innehatte. Die chinesischen Kaiser hatten ihr Reich weitgehend abgeschottet, Ausländer durften nur im Hafen von Kanton anlegen, um dort Handel zu treiben. Das Kaiserreich wachte nicht nur eifersüchtig über seine Teepflanzen, sondern auch über die jahrtausendealten Techniken ihres Anbaus und der Herstellung. Fast der gesamte Außenhandel beruhte auf Tee und Seide.

Tee wurde damit zum Symbol des einen großen Landes auf der Welt, das sich noch immer dem Britischen Empire widersetzte.

Beinahe 200 Jahre lang hatte die East India Company Opium, das sie exklusiv und unter der Ägide der britischen Krone in Indien herstellte, nach China gebracht, um dafür Tee zu kaufen. Dieser Handel war in China offiziell verboten, was den Schmuggel nicht aufhielt. 1839 ließen Beamte in der Hafenstadt Kanton das gesamte ausländische Korps in Geiselhaft nehmen. Sie sollten erst dann freigelassen werden, wenn sie das von ihnen gebunkerte Opium übergaben. Daraufhin schickte die junge Kaiserin Viktoria die britische Marine in die Opiumkriege gegen China, um den lukrativen Handel aufrechtzuerhalten.

»Es gab Zeiten, in denen die Karten der Welt umgezeichnet wurden im Namen von Pflanzen, in denen zwei Kaiserreiche, Großbritannien und China, sich wegen zwei Pflanzen bekriegten: Mohn und Camellia«, schreibt Sarah Rose in *For All the Tea in China*.[13]

Die Briten besiegten die Chinesen, gewannen Hongkong und fünf weitere Handelskonzessionen. Beruhigt waren sie immer noch nicht. Sie fürchteten, dass der Kaiser den Opiumanbau in China legalisieren und damit das britische Monopol brechen könnte, was wiederum den Dreieckshandel mit Tee gefährdet hätte.

In London wuchs eine Idee heran: Tee musste für Großbritannien gesichert werden. Die East India Company schickte deshalb 1848 einen Spion nach China, der in chinesischer Verkleidung nicht nur die besten Teesamen nach Indien holen, sondern auch alles über Anbau und Herstellung des Tees herausfinden sollte: den schottischen Botaniker Robert Fortune.

Im Fieber eines botanischen Imperialismus nahmen Entdecker und Kolonialisten damals weltweit alles mit, was sie nur kriegen konnten: Genussmittel, Obst, Gemüse, Medizinpflanzen, Gewürze, Kautschuk – eine Pflanze, die die Herstellung von Reifen revolutionieren sollte. »Der größte Dienst, den man einem Land erweisen kann, ist, seiner Kultur eine nützliche Pflanze hinzuzufügen«, sagte einst der amerikanische Präsident Thomas Jefferson.[14]

Es war nicht das erste Mal, dass der Tee Weltpolitik spielte. Am 16. Dezember 1773 warfen amerikanische Kolonisten, die sich unter dem Namen »Boston Tea Party« zusammengefunden hatten, 342 Teekisten in den Griffins-Hafen in Boston, um gegen die Teesteuer zu protestieren, die das britische Parlament verhängt hatte. Dies war der erste große Widerstandsakt gegen die britische Herrschaft, der später in der Unabhängigkeit der Vereinigen Staaten münden sollte.

Wahrscheinlich aber hat der Tee noch viel öfter einen Beitrag zur Weltpolitik geleistet. Nicht überliefert ist, wie viele politische Verhandlungen von Tee befeuert wurden. Und vielleicht sind manche Abkommen erst dadurch zum Abschluss gekommen, dass sich die Verhandler, gestärkt von einer weiteren Tasse Tee, endlich zu einem Kompromiss durchringen konnten.

In einer Tasse Tee, sagt der Zen-Mönch Phap Huu in der Podcast-Serie *The Way Out Is In,* stecke so viel mehr, als man auf den ersten Blick glauben möge.[15] Betrachte man die Tasse mit dem Auge des Meditierenden, sähe man darin die wundervolle Natur, aus der dieser Tee stammt, könne die Pflege und Sorge erahnen, die die Teebauern dieser Pflanze zukommen ließen. Alles, was zusammenkommen musste, damit diese Teepflanze hierherkommen konnte. Die Lastwagen, Häfen und Containerschiffe, das Auf- und Abladen, die Verkäuferin, die den Tee sorgsam in ein Regal stellte.

Doch steckt in einer Tasse nicht noch so viel mehr? Der Geist von Kaiserreichen, die aufstiegen und untergingen, von Teebauern, Teemeistern und Mönchen, von Komponisten, Mathematikern und Schriftstellern. Verbindet diese eine Tasse die Teetrinkerin nicht mit Millionen Tee trinkenden Chinesen, Russen, Tibetern, Indern, Briten? Mit Tuareg, die sich in der nächtlichen Einsamkeit der Sahara über ein Glas Ataya beugen, während am anderen Ende der Welt ein japanisches Mädchen gerade seinen Morgentee genießt. Ein ganzes Universum in einem Gefäß.

Jazzradio

Als ich Teenager war und mich leidenschaftlich in die Welt hinaussehnte, saß ich sonntagnachmittags oft auf dem Fensterbrett und hörte Jazzradio. Die Musik, die aus dem Äther drang, war meine Medizin. Sie heilte mich, einen Augenblick zumindest, von den Zumutungen des Teenagerseins, der Pubertät, Jahre, in denen ich mich fühlte wie ein schlingerndes Auto auf nasser Fahrbahn.

Billie Holidays Stimme umfing mich, hielt mich, trug mich über die Siedlung hinweg, die mir als Kind alles und als Teenager zu klein geworden war. Sie wehte über Garagen und Hecken, über Reihenhäuser und Bungalows, die kleinen und großen Familiendramen darin. Oh ja, das verstand sie, die Dramen, die Flatterhaftigkeit des Herzens, den Verlust. Sie füllte alles mit ihrem Witz und ihrer Widerstandskraft, die hinter der Traurigkeit ihres Blues herüberleuchteten. Sie lehrte mich etwas, das ich noch nicht verstand, nach dem ich mich aber unermesslich sehnte. Dass die Welt auf vielerlei Weise ins Schwingen geraten konnte. Ja, dass man sie manchmal zum Schwingen bringen muss, damit sie erträglich wird. Und tut sie das, ist sie nicht mehr nur erträglich, sondern viel mehr als das. Und mit einem Mal wirkten die Hecken nicht mehr ganz so schrecklich und die Garagen nicht mehr ganz so trist.

Ich tanzte allein am Fenster. Und fragte mich, ob irgendwo anders auf der Welt gerade ein anderer Mensch so wie ich allein am Fenster tanzte.

Nachts im Auto singen

Von der Autobahn aus betrachtet, wirkt die Nacht endlos. Dunkle Wälder, hinter denen dunkle Wälder liegen, Windräder, riesig wie Dinosaurierskelette, schattenhafte Ortschaften, die auf andere Ortschaften folgen. Rätselhafte Namen werben für Ausfahrten ins Nirgendwo. Autos blenden auf und wieder ab. Alle paar Kilometer passieren wir den Hinweis auf die scheinbar immer selbe Autoraststätte, als kämen wir nicht vom Fleck, als wären wir verdammt, von jetzt bis in alle Ewigkeiten das immer selbe Stück Autobahn entlangzufahren, während eine Geisterhand den Kilometerzähler verstellt.

Unser Gespräch ist irgendwann zwischen Kilometer 330 und 350 erstorben. Der Motor brummt, die Nacht schweigt, als du beginnst, ein Lied zu summen. Ich falle singend ein, wir werden immer lauter. Singend hangeln wir uns Jahrzehnte der Popgeschichte entlang. Wir werden sängerisch gewagter, geben die Diva und den Divo, legen dramatische Soloeinlagen ein. Irgendwann landen wir bei einem Kanon, bei einer ersten und zweiten Stimme.

Die Lichter der Autos und Ortschaften, sie sind jetzt die Feuerzeuge und Handydisplays unseres Millionenpublikums. Das Brummen des Motors frenetischer Applaus. Singend fahren wir in das nächste Bundesland und immer tiefer in die Nacht hinein.

Die Kunst des Sitzens

Bisweilen trifft man Menschen, die die hohe Kunst des Sitzens beherrschen. Sie sitzen in einem meditativen, halb genießerischen Zustand am Wegesrand, ganz ohne Absicht, ganz ohne Langeweile. Sie schauen auf die Straße, als wäre sie ein weiter, träger Fluss.

Der sitzende Mensch ist ein Genießer einfacher Freuden. Er trinkt einen Tee oder Kaffee, lässt sich die Sonne ins Gesicht streichen, betrachtet das Treiben der Straße, lässt sich auf ihren Rhythmus ein. Die Sitzende erwartet keine großartige Unterhaltung, hat keine Angst, etwas zu verpassen, es genügt ihr, einfach hier zu sein. Leute zu schauen. Eine Freude, die sich nie abnutzt, wo es doch so viele und unterschiedliche von ihnen gibt. Sie versucht, die Dramen und Dramolette, die ihr die Passanten ein paar Sekunden lang präsentieren, weiterzuspinnen. Die ältere Dame in einem ihr offenbar völlig fremden Motorrad-Outfit, die sich für die Kamera ihres Mannes zu einer zauberhaft verrutschten Bikergeste hinreißen lässt. Die gestressten Eltern. Das Kollegenrudel, dessen Mitglieder sich in der Mittagspause versuchen gegenseitig zu übertrumpfen.

An guten Tagen spült der Zufall einen Freund vorbei, und man sitzt und schaut gemeinsam. Weitet das Mittagessen in der Sonne bedenklich lange aus, lässt genüsslich die Stunden verstreichen im Wissen, dass soundso viele Mails nicht beantwortet worden sind, der protestantisch durchgeplante Arbeitstag leider Wichtigerem geopfert werden musste: dem müßigen Sitzen.

Bisweilen lassen sich Sitzen, Schauen und Arbeiten sogar verbinden, zumindest dann, wenn man passionierter Caféarbeiter ist und sich das Warten auf eine Idee mit müßigem Leuteschauen vertreiben kann. Denn eine Idee kommt ja nicht einfach, nur weil man das gerade will. Manchmal schleicht sie sich heran, legt sich noch mal hin, vollführt Umwege, bevor sie sich endlich bei einem niederlässt.

Anders, als eine calvinistische Arbeitsethik vermuten lassen möchte, ist der müßig Sitzende nicht einfach nur faul. Er oder sie schult sich in Gleichmut, Beobachtungsgabe und Menschenkenntnis. Einer Philosophie, die so der chinesische Philosoph Lin Yutang feiert, die Weisheit des Narren, die Stärke des Schwachen, die Einfachheit des wahrhaft Kultivierten.

»Die Grundlage des chinesischen Pazifismus liegt in der Bereitschaft, temporäre Verluste hinzunehmen und den richtigen Augenblick abzuwarten. In dem Glauben, dass in einer Natur, die den Gesetzen von Aktion und Reaktion folgt, keiner einen dauernden Vorteil dem anderen gegenüber hat. Keiner immer der *dumme Narr* sein wird.«[1]

Die daoistischen Weisen nannten diese Philosophie *Wu Wei*, was oft mit »Nichtstun« übersetzt wird. Tatsächlich ist die Übersetzung nicht treffend. Es geht den Daoisten nicht darum, nichts zu tun, im Gegenteil, ein Sprichwort besagt: »Durch Wu Wei kann man die zehntausend Dinge vollbringen.«

Der Weise verfällt nicht in blinden Aktionismus, er versucht die Ereignisse nicht zu erzwingen oder zu überstürzen. Er beobachtet, lässt das Leben seinen Lauf nehmen, wartet auf den richtigen Moment. Den Augenblick, in dem andere Kräfte sein Vorhaben voranbringen: Mitmenschen, neue Gesetze, die Launen der Politik oder des Marktes, das Wetter, die Gunst der Stunde.

Das Schicksal gibt und nimmt. Der Weise wartet, bis sein Moment gekommen ist. Bis dahin sitzt er.

Die neue Stadt

Manchmal verliebe ich mich in eine neue Stadt. So leidenschaftlich und heftig, dass ich daheim am liebsten alles hinschmeißen und ein paar Habseligkeiten in einen Koffer packen würde, um hier in eine Dachwohnung zu ziehen, von deren Fenstern aus ich Nacht für Nacht über die Dächer der geliebten Stadt schauen könnte. Ich würde ein neues Leben beginnen; würde mich in ihren Gassen verlieren, genüsslich all ihre Köstlichkeiten probieren, würde lernen, zu schimpfen wie ihre Bewohner, und eines Tages dazu übergehen, mich so unendlich elegant zu bewegen wie ihre Frauen – als folgten sie einem Lied, das nur sie hören.

Nah würde ich dieser Stadt kommen, so nah, dass ich ihren Atem spürte. Das Zischen ihrer Züge, das Keuchen ihrer Fabriken, das Ächzen ihrer Brücken, den Staub ihrer Archive, den Duft ihrer Gärten. In ihren Untergrund würde ich vordringen, in ihre Zisternen und Geheimgänge, ihre Grüfte und Kanäle; würde versuchen, ihre Geheimnisse zu bergen, ihre Neurosen und uneingestandenen Passionen, ihre verborgenen Leichen und heimlichen Liebschaften. Ihre Steine würde ich abklopfen, auf dass sie mir ihre Geschichte von Jahrtausenden erzählen; würde ihre Dichter und Komponisten, ihre Maler und Verrückten schätzen lernen. Ich würde so oft auf ihre Tricks und Hochstapeleien hereinfallen, bis ich sie endlich auswendig kenne. Ich würde sie beschimpfen, verachten und temporär hassen, sie dabei aber doch immer unbändig lieben.

In dieser Stadt würde ich eine andere werden, eine Frau mit neuen Routinen und Leidenschaften, Rollen und Gesichtern. Denn eine Stadt ist immer auch eine Idee, an der man wachsen oder verzweifeln kann.

Und wer hätte das schöner beschrieben als der italienische Schriftsteller Italo Calvino in *Die unsichtbaren Städte*. Der Mongolenherrscher Kublai Khan herrscht über das größte Reich der Menschheitsgeschichte, doch er hat keine Zeit, es zu erkunden. Also hört er dem Reisenden Marco Polo zu, der ihm von den Städten seines Imperiums berichtet. Er glaubt ihm nicht unbedingt jedes Wort, und doch bringt der Khan dem jungen Venezianer eine größere Aufmerksamkeit und Neugier entgegen als jedem anderen Botschafter.

»Wenn ein Mann lange Zeit durch die Wildnis geritten ist«, berichtet Marco Polo, »verspürt er das Verlangen nach einer Stadt. Endlich kommt er nach Isidora, einer Stadt, in der perfekte Teleskope und Violinen hergestellt werden, in der ein Fremder, der zwischen zwei Frauen hin- und hergerissen ist, immer einer dritten begegnet. Isidora ist die Stadt seiner Träume, mit einem Unterschied: In der Stadt seiner Träume lebte er als junger Mann, nun kommt er dort aber in seinem Alter an. Auf dem Platz befindet sich eine Mauer, wo die alten Männer sitzen und die Jungen vorbeiziehen sehen. Er sitzt mit ihnen in einer Reihe. Sein Begehren ist schon Erinnerung.«[1]

Marco Polo berichtet auch von einer fantastischen Stadt namens Chloe. Dort seien alle Menschen Fremde, doch wann immer sie sich begegneten, stellten sie sich Tausende Dinge vor, die zwischen ihnen geschehen könnten. Gespräche, Zärtlichkeiten, Bisse. Zu denen es aber nie kommt, denn stets ziehen die Fremden weiter. Manchmal, wenn sich die Einwohner Chloes träfen, etwa wenn sie unter einer Arkade vor dem Regen Schutz suchten, fänden Verführungen, Kopulationen, Orgien zwischen ihnen statt, ohne dass auch nur ein Wort gewechselt, ein Finger etwas berühren würde. »Eine sinnliche Vibration erregt permanent Chloe, die keuscheste aller Städte. Würden Männer und Frauen aber beginnen, ihre flüchtigen Träume zu leben, dann würde jedes Phantom zu einer Person werden, mit der man eine Serie von Jagden, Täuschungen, Missverständnissen, Zusammenstößen und Unterdrückungen erleben würde, und das Karussell der Phantasien würde stoppen.«[2]

Die Stadt Zemrude wiederum, erzählt Marco Polo, gewinne ihre Form einzig durch die Stimmung des Betrachters. Ginge man fröhlich pfeifend einher, dann lerne man sie von oben kennen und erhasche einen Blick auf ihre Fenster und Gardinen. Lasse der Betrachter hingegen den Kopf hängen, dann werde sein Blick vom Boden gehalten, von den Schächten, den Fischschuppen, dem Altpapier. »Man kann nicht sagen, dass ein Aspekt der Stadt wahrer wäre als der andere, doch man hört vom oberen Zemrude vor allem von jenen, die sich erinnern, während sie in das tiefere Zemrude sinken, jeden Tag den gleichen Straßenzügen folgend, jeden Morgen die schlechte Laune des Vortags verkrustet am Fuß der Wände vorfindend. Für alle von uns kommt früher oder später der Tag, an dem wir unseren Blick die Regenleitung heruntergleiten lassen und ihn nicht mehr von den Pflastersteinen wegbewegen.«[3]

Das Gegenteil, sagt Marco Polo, sei nicht unmöglich, doch sehr selten.

Und dann sei da eine Stadt namens Trude, die allen anderen Städten aufs Haar gleiche. Die gleichen Vororte, die gleichen Häuser, Schilder, Blumenkästen, die gleichen Güter, die in den gleichen Geschäften zu erwerben sind. »Warum bin ich hier, dachte ich und wollte schon gehen. Das könne ich, sagte man mir. Doch du wirst in einem anderen Trude ankommen, alles wird gleich sein, Detail für Detail. Die Welt wird von einem einzigen Trude bedeckt, das weder beginnt noch endet. Nur der Name des Flughafens wechselt.«[4]

Von all den Städten, die Italo Calvino Marco Polo beschreiben lässt, ist Lalage meine liebste. Eines Tages erzählt der Khan Marco Polo, dass er geträumt habe, wie sein gigantisches Reich von seinem eigenen Gewicht erdrückt werde. Daraufhin erschienen in seinem Traum Städte, leicht wie Drachen, transparent wie Moskitonetze.

»Du sprichst von Lalage«, erwidert Marco Polo. Einer Stadt, die am Nachthimmel liegt, damit der Mond ihr die Kraft verleiht, endlos zu wachsen.

»Zudem hat der gütige Mond der Stadt Lalage ein selteneres Privileg verliehen: an Leichtigkeit zu wachsen.«[5]

Katzen

Der geneigte Leser mag mir beipflichten, dass ein Leben im Kreis von Katzen das freudvollere ist. Denn gibt es Schöneres als den Besuch einer Katze, während man gemütlich auf dem Sofa liegt und liest?

Eine Katze fragt nie, ob sie gelegen kommt. Mit kleopatrahafter Selbstverständlichkeit springt sie aufs Sofa, schmiegt sich an den Leib der Lesenden, der sie jetzt die Ehre gewährt, sie zu streicheln. Um dann das beste aller Geräusche von sich zu geben: ein Schnurren. Gehirnforscher mögen erkunden, was genau das Schnurren im Kopf eines Menschen anstellt, mir jedenfalls kommt es vor, als erreiche seine Frequenz unmittelbar Bauch und Gehirn, wo es ein umgehendes Wohlgefühl auslöst, es verlangsamt den Herzschlag, entspannt den Kopf und alle Muskeln.

Schon allein um die Fähigkeit des Schnurrens kann man jede Katze beneiden. Ein unvergleichlicher evolutionärer *unique selling point*. Wie gern wäre ich in der Lage, ein Geräusch abzusondern, das alle anderen automatisch dazu anspornt, mir schnurrendem Wesen Gutes zu tun, mich zu verwöhnen und zu umsorgen.

Doch nicht nur das haben uns Katzen voraus. Welcher Mensch könnte so genießerisch die Augen schließen wie sie? Wer könnte so elegant vom Baum springen, so verführerisch um eine Ecke biegen, sich so genüsslich strecken wie sie? Die Weichheit ihres Fells, die Geschmeidigkeit ihrer Bewegungen, ihre Verspieltheit, ihre Unabhängigkeit, ihre Sauberkeit und Zärtlichkeit, das alles macht Katzen zu idealen Weggenossen.

Ich hatte mir ein Leben mit Katzen nicht ausgesucht. Ja, mir war gar nicht bewusst gewesen, dass ich ständig von Katzen umgeben sein würde, sobald ich einmal in einen Hutong gezogen war, ein kleines Hofhaus mit geschwungenem Dach, chinesischem Dattelbaum und Blick auf den Trommelturm mitten in der Pekinger Altstadt. Mit einem Mal waren die Katzen überall. Sie lugten durch mein Bürofenster, lagen auf meiner Terrasse, bettelten an meiner Tür um Futter, zogen ihre Jungen auf meinem Dachvorsprung groß.

Einmal vergaß ich, in der Regenzeit das Badezimmerfenster zuzumachen, und wurde, als ich die Schlafzimmertür öffnete, von drei Katzen überrascht, die es sich in meinem Bett gemütlich gemacht hatten. Dank ihrer regenschmutzigen Tatzen fiel es mir leicht, den Tathergang nachzuverfolgen. Sie waren durch das Badezimmerfenster gekommen, hatten dann versucht, aus der Toilettenschüssel zu trinken, waren schließlich ins Schlafzimmer gestromert, wo sie versucht hatten, zu den Fenstern zu gelangen. Die weiß gestrichenen Wände waren voller Tatzenspuren. Als sie eingesehen hatten, dass ihr Unterfangen aussichtslos war, hatten sie es sich schließlich zwischen meinem weißen Bettzeug gemütlich gemacht und es ausgiebig vollgehaart.

Unser Viertel war ideales Katzen-Territorium. Katzen konnten hier kilometerweit herumstreifen, von Dach zu Dach zu Dach, ohne auch nur eine Pfote auf den Asphalt zu setzen. Die Häuser waren meist einstöckig, es gab viele Bäume, Innenhöfe, enge Gassen, so gut wie keinen Verkehr und dafür sehr viele Katzenliebhaber. Die Katzen kamen und gingen, wie es ihnen beliebte, keiner der Nachbarn wusste so recht, welche wohin gehörte. Doch fast überall bekamen sie Futter.

Jeden Tag besuchte mich etwa ein Dutzend Katzen. Sie kamen über die geschwungenen Dächer, sprangen über die Mauer oder kletterten über die Äste des Dattelbaums, balancierten den Mauervorsprung entlang und schwangen sich über ein Mäuerchen auf die Terrasse. Sie aßen, schliefen, kämpften, spielten und paarten sich hier. Und mit der Zeit lernte ich mehr über den Charakter meiner Besucher.

Da war der schwarze riesenhafte Kater, der mir etwas unheimlich war, weil er mich an den Behemoth aus *Der Meister und Margarita* erinnerte. Die kleine Katze, die keine Furcht und offenbar auch kein Gefühl für ihre Körpergröße hatte, denn sie griff Katzen an, die mehr als doppelt so groß waren wie sie – unter anderem eine furchtsame weiße Katze, die sich trotz ihrer stattlichen Größe furchtsam winselnd hinter den Blumentöpfen vor ihr verbarg.

Die rot-weiß gescheckte Katze, die ständig von einem Schwarm von Verehrern umgeben war. Zweimal trug sie Junge in meinem Hof aus. Einmal waren sie rot-weiß-schwarz gescheckt, neben ihrem Nest wachte sowohl ein weißer als auch ein schwarzer Kater. Beide machten den Anschein, stolze Väter zu sein, was mich einigermaßen verwirrte. Dann aber entdeckte ich eine Studie von Forschern der Columbia-Universität in New York. Sie hatten herausgefunden, dass es bei Stadtkatzen häufiger geschehe, dass die Abkommen eines Wurfs von zwei Vätern stammten, da viele von ihnen auf dichtem Raum lebten. Sich mit mehreren Männchen zu paaren, koste ein Weibchen zwar Zeit und Energie, bringe allerdings auch Vorteile: Es können mehr Eier befruchtet werden, zudem könne die Vielväterschaft die genetische Vielfalt erhöhen.

Von allen Besucherkatzen war der gestreifte Kater der eleganteste. Er bewegte sich besonders geschmeidig. Er hatte ein dunkel gemustertes Fell, sein Körper war schmal und stark, trainiert vom Leben auf den Dächern. Kam er nach einem gewaltigen Sprung auf dem Boden auf, war es, als würden seine Pfoten nur leicht den Boden berühren, schon stromerte er gewandt weiter.

Er war auch der freundlichste. Nie vergaß er, mich ausgiebig zu begrüßen. Er setzte sich auf meinen Schoß, während ich las oder schrieb. Oft machte er ein Nickerchen auf meinem Schreibtisch. Ich wusste nicht, ob er ein festes Zuhause hatte, denn nach ein paar Stunden verschwand er wieder in seine mysteriöse Katzenwelt, zu all den Abenteuern, Kämpfen und Amouren, die ich nur ahnen konnte. Dann aber wurden seine Aufenthalte immer länger. Irgendwann schien er entschieden zu haben, seinen Hauptwohnsitz in meinen Hof zu verlegen.

Morgens wartete er jetzt maunzend auf der Treppe darauf, dass ich endlich aufstand. Und schoss heran, sobald ich die Tür zum Hof aufgemacht hatte. Abends protestierte er, wenn ich die Tür vor ihm schloss. Gern wollte er bei mir im Bett schlafen, was ich angesichts seiner bisweilen schmutzigen Straßenkatertatzen nicht duldete.

Bis zu dem Tag, an dem er einen schrecklichen Unfall hatte, erlebten wir wunderbare Monate des Zusammenlebens. Und mir gefiel der Gedanke, dass er sich sein neues Zuhause selbst ausgesucht hatte. Er hätte jederzeit gehen können, doch er kam immer zurück. Kehrte ich nach wochenlangen Dienstreisen heim, freuten wir uns beide sehr über unser Wiedersehen. Der Kater erschien mir sowohl empathisch als auch liebevoll. Vielleicht trete ich gerade in die Falle aller verblendeten Katzenliebhaber, doch manchmal hatte ich das Gefühl, er spürte, wenn ich traurig war, und kam dann, um mich zu trösten.

Länder, in denen der Katze der Status eines fast schon heiligen Tieres zukommt, sind mir äußerst sympathisch. Als ich durch die Gassen Istanbuls lief, freute ich mich über die unzähligen kleinen Häuschen, die Anwohner den Straßenkatzen der Stadt gebaut hatten. Auch in Marokko traf ich große Katzenliebhaber. Hier werde, so erzählte man mir, die Katze geliebt und verehrt. Schon der Prophet soll während der Schlacht um Uhud eine Katze namens Muezza adoptiert haben, zu der er eine besondere Beziehung pflegte. Er pries sie für ihre Reinlichkeit. Einmal soll sie ihn vor dem Biss einer giftigen Natter gerettet haben. Mohammed streichelte ihr voller Dankbarkeit den Rücken, seither, so die Legende, falle keine Katze mehr auf den Rücken, sondern nur noch auf die Pfoten. Ein muslimisches Sprichwort besagt: »Wenn du eine Katze getötet hast, musst du eine Moschee bauen, damit Gott dir verzeiht.«

Bei aller Zuneigung will ich mir keine Illusionen machen. Die Forschung zeigt, dass Tiere undankbar sind, selbst die Hunde, die doch als beste Freunde der Menschen gelten. Ein Forscherteam um den Verhaltensbiologen Jim McGetrick vom Konrad-Lorenz-Institut für Vergleichende Verhaltensforschung in Wien ließ kürzlich menschliche Studienteilnehmer per Tastendruck einen Futterspender bedienen, mit dem sie Leckerli an Hunde verteilten. Danach bekamen die Tiere die Gelegenheit, sich gleichermaßen zu revanchieren. Doch kaum einer der zwanzig teilnehmenden Berner Sennenhunde, Golden Retriever oder Border Collies rührte auch nur eine Pfote.

Das Ergebnis eines entsprechenden Katzenexperiments will ich mir gar nicht ausmalen. Und doch, wenn meine Hand durch weiches Katzenfell streicht und ich ihr Schnurren höre, ist mir das alles ganz einerlei.

Am Pool

Ein brüllend heißer Sonntag in Bamako, der Hauptstadt Malis. Ich liege am Hotelpool. Nach und nach gesellen sich Leute aus der Nachbarschaft hinzu, um hier ein wenig zu planschen. Leider kann fast keiner von ihnen schwimmen. Nachdem ich ein paar Bahnen gezogen habe, spricht mich die Erste an. Fathma, eine junge Frau von 27 Jahren. Ob ich ihr nicht das Schwimmen beibringen könnte?

Wir beginnen mit unserem Kurs. Ich halte ihre Beine fest, während sie mit den Armen im Wasser rudert. Wir hängen uns mit den Armen an den Poolrand, um die Beinstöße zu üben. Fathmas Problem ist nicht die Koordination, sie hat panische Angst vor dem Wasser. Wir üben, den Kopf ein wenig unter Wasser zu halten. Bis zur Nase. Zum Haaransatz. Kurz untertauchen. Und wieder von vorn.

Mit der Zeit schließen sich weitere Badegäste unserem Kurs an. Kinder planschen hinter uns her, der junge Schneider und sein Kumpel wollen es auch mal versuchen. Ich bin kurzerhand zur Schwimmlehrerin des halben Pools befördert worden. Gemeinsam pflügen wir paddelnd und prustend durch den Nichtschwimmerbereich. In der Schwimmpause erzählt mir Fathma, dass der Mann, der sie heute zum Pool eingeladen hat, schon verheiratet ist. »In Bamako einen gescheiten Kerl zum Heiraten zu finden, ist brutal schwierig!« Der Schneider zeigt mir stolz auf dem Handy seine neuesten Modelle, den Glitzer-Boubou in Silber und Gold, den Michael Jackson Hommage Dress, in Bamako mag man es offenbar funky.

In dem wunderbaren Buch *Zehn Wahrheiten* der amerikanischen Schriftstellerin Miranda July gibt es ein Kapitel, in dem es eine junge Frau nach Belvedere, Nevada, verschlagen hat. Dort möchte sie ihren einzigen Bekannten, drei alten Menschen, das Schwimmen beibringen. Das Problem ist, dass es in Belvedere weder Gewässer noch Schwimmbäder gibt. Sie treffen sich also in ihrer Wohnung.

»Als sie eintrafen, hatte ich drei Schüsseln mit warmem Leitungswasser nebeneinander auf den Boden gestellt. Ich zeigte ihnen, wie man Nase und Mund ins Wasser steckt und wie man seitlich Atem holt. Dann nahmen wir die Beine und schließlich die Arme dazu. Ich gab zu, dass die Bedingungen nicht ideal waren, um Schwimmen zu lernen, aber, machte ich geltend, so trainierten auch die Schwimmer der Olympiamannschaft, wenn gerade kein Becken in der Nähe war. Ja, ja, ja, es war eine Lüge, aber wir brauchten sie, weil hier vier Menschen auf dem Küchenboden lagen und geräuschvoll mit allen vieren strampelten – als wären sie wütend, als wären sie wild geworden, als wären sie enttäuscht und frustriert und scheuten sich nicht, es zu zeigen.«[1]

In Bamako haben wir Wasser, und der Kurs macht schnelle Fortschritte. Für den Abend habe ich jetzt drei Einladungen. Fathma möchte mit mir zum Maskenfest gehen, der Schneider einen Drink in der Bar um die Ecke nehmen, die Mutter der Kinder hat mich zum Abendessen eingeladen. Schwimmlehrer dieser Welt, in Bamako gibt es noch Arbeit.

Fahrrad

Gestern lang getanzt. Wache auf von Sonnenstrahlen, die ins Zimmer greifen. Streife die Müdigkeit ab. Muss nicht lang überlegen, wo ich hinwill, wie eine Fata Morgana erscheint ein Bild vor mir: Strandbad Wannsee, die alte, große Weide, die Schatten spendet, Segelschiffe, die über blaues Wasser tanzen. Hier will ich heute meinen sonntagsmüden Kopf in den Sand betten und schildkrötenträge auf das Wasser schauen. Badeklamotten eingepackt, Kopfhörer aufgesetzt und aufs Rad geschwungen. Eine Stunde Radfahrt durch Stadt und Wald.

Da ist das Album, das mich gerade durch das Leben trägt. Es katapultiert mich durch die Stadt, aus Kreuzberg raus, durch den Park, den noch verwaisten Straßenstrich der Kurfürstenstraße entlang, den Ku'damm runter. Mit jedem Beat werden die Kurven geschmeidiger, der Beat jagt mich, ich jage hinterher, gleich werden die Reifen meines alten Fahrrads Funken sprühen. So rasen wir durch die sonntagsträge Stadt. Vorüber an den Schwimmenden am Halensee, den Hundeausführern, Sonntagsbrötchenkäufern und durch die Villenviertel, gleich kommt sie, die Strecke durch den Wald, immer geradeaus, kilometerweit. Oben flüstern die Baumwipfel, ich höre sie nicht, denn jetzt kommt mein Lieblingslied.

Wir rasen den Waldweg entlang, mein Fahrrad und ich, der Beat ist überall, füllt alles aus. Die Dämmerung des Waldes, von zarten Lichtsäulen durchbrochen, der federnde Boden, von Nadeln bedeckt, die Zweige, die Äste, die Stämme, der Weg. Der Beat rast meine Wirbelsäule entlang und pumpt in meinen Adern, jagt meine Beine empor, die ihm folgen und schneller und schneller treten. Unbändige Freude explodiert in meinem Kopf, Energie breitet sich in meinem Körper aus. Alle Kraft kristallisiert sich. Wie ein Blitz jagen wir zum See.

Der Kuss

Der Kuss hatte sich angekündigt. Über Wochen und Monate schon. In Blicken und Worten, den Nachrichten, die wir uns schrieben, in denen es um alles Mögliche ging, vor allem aber um das Unausgesprochene – die vage Aussicht, uns zu berühren.

Erst war es nur eine fixe Idee. Dann wurde es zu einer Möglichkeit. Schließlich zu einer Fantasie. Und als der Tag unseres Treffens immer näher kam, zu einem Begehren.

Der Kuss folgte einer ihn überhaupt erst ermöglichenden Choreografie, er wurde von beiden Seiten vorbereitet wie ein Festmahl oder – da eine Absprache unbedingt vermieden werden musste, hätte sie doch den Zauber und damit die Chance auf einen Kuss zerstört – wie ein Schachspiel. Zug um Zug. Nachricht um Nachricht.

Die Temperatur steigen lassen, das Begehren entfachen, langsame Eskalation. Blicke, die sich ineinander verschränken. Eine Hand, die einen Moment zu lang auf der Schulter des anderen weilt. Lächeln, Lachen, Stimmen, die weicher werden. Das Gespräch.

Jagen, gejagt werden, fliehen und wieder zurückkehren, sich hinter einem Scherz gleich einem Baum verstecken, hervorspringen, spielen. Während die Münder noch Politik diskutieren, sagen die Körper bereits Begehren.

Nach dem Essen ziehen wir weiter in eine Bar. Inzwischen völlig nebensächlich, was gesagt wird, denn wir wissen beide, der Moment ist gekommen. Schnell in die Nacht hinaus, sich in die Arme schließen, ineinanderfallen lassen, riechen, schmecken, fühlen. Oh, der erste Kuss.

Eremitage

Manchmal, wenn ich aus dem Fenster auf die alte Platane im Hof schaue, frage ich mich, wie es wäre, in einem Baumhaus zu wohnen. Umwogt von Blättern, in Nachbarschaft von Vögeln und Käfern mitten in der Natur zu leben. Eine ähnliche Sehnsucht überkommt mich, wann immer ich an einer feinen Berghütte vorbeiwandere. Sonnenbank vorm Holzhaus, weiter Blick über Berggipfel und hinunter ins Tal. Als Kind wuchs ich mit den Geschichten der Querulanten, Revoluzzer und Aufsässigen auf, die das Pantheon der bayerischen Volkshelden bevölkern. Wann immer es nicht so gut für sie lief – wenn sie also vom König, der Justiz oder der Polizei verfolgt wurden, und das geschah ziemlich oft –, zogen sie sich eine Zeit lang auf einsame Berghütten zurück.

Genauso werde ich es auch halten, sagte ich mir als Kind, wobei ich nicht zwingend eine Karriere anstrebte, die mir den Zorn der Justizbehörden einbringen sollte. Doch es schien mir nur logisch zu sein, dass es für jeden Menschen irgendwann in seinem Leben mal nicht so gut laufen könnte, dass er gezwungen sein könnte, sich eine Zeit lang in ein Eremitendasein zurückzuziehen. Um mich für den Notfall vorzubereiten, schaute ich mich schon als Kind auf Wanderungen nach geeigneten Hütten um.

In meinen Eremitenfantasien sitze ich neben einer Katze auf einer Sonnenbank vor der Hütte, schaue über weite Täler und lese ein Buch. Ich liebe diese Vorstellung, auch wenn ich mir schmerzhaft eingestehen muss, dass sie wahrscheinlich genau ein Prozent des Einsiedlerdaseins ausmacht. Eher selten male ich mir aus, wie es wäre, eimerweise Wasser von der Quelle in meine Hütte zu schleppen, täglich zwanzig Kühe zu melken, Unmengen von Holz zu hacken oder an einem Wintermorgen halb erfroren in einem klammen Bett zu erwachen.

Meine Eremitenfantasie ist ein Abstraktionsidyll – doch ich glaube, das geht vielen so. Kürzlich stieß ich in dem Podcast *Das geheime Kabinett* auf ein Phänomen, das mir gänzlich unbekannt gewesen war, auch wenn ich in alten Landschaftsparks oft auf kleine Grotten gestoßen war. Es handelt sich um die sogenannten Schmuckeremiten.

Im 18. und 19. Jahrhundert kam das Eremitendasein europaweit schwer in Mode. Der Genfer Aufklärer Jean-Jacques Rousseau (1712–1778) hatte in einem berühmten Aufsatz erklärt, dass die einzige freiheitliche Art zu leben die des Eremiten sei. Das überzeugte in der Theorie viele, in der Praxis jedoch schien es vielen Adeligen dann doch etwas mühsam.

Die britische Oberschicht ging daher dazu über, diese Aufgabe von Angestellten übernehmen zu lassen. Sie bezahlten Menschen dafür, in ihren Gärten und

Parks als Eremiten zu leben. Der britische Historiker Gordon Campbell schreibt in seinem Buch *The Hermit in the Garden. From Imperial Rome to Ornamental Gnome*: »Sie waren vielbeschäftigte CEOs, die sich dazu entschieden haben, die besinnliche Seite ihrer Persönlichkeit outzusourcen.«[1]

Der Einsiedler sollte die Naturhingabe und den Konventionsbruch verkörpern, den sich sein Geldgeber nicht leisten konnte oder wollte. Die reichen Parkbesitzer, schreibt der Journalist Patrick Spät, »wünschten sich eine Art Robinson Crusoe, der als ›Edler Wilder‹ mit verzotteltem Bart, wallendem Haar und abgerissenen Klamotten durch ihre feine Gartenlandschaft lustwandelt«.[2]

Das war letztlich nur folgerichtig, denn entstanden waren die Gärten als Gegenpol zur Industrialisierung, ein Rückzugsort von den Zumutungen einer neuen Zeit. Schon früher hatte fast jeder Garten eine Eremitage, einen Ruheort in Form einer einfachen Grotte oder Hütte, der der Reflexion und Entspannung dienen sollte. Nun gingen einige dazu über, ihre Eremitagen zu bevölkern. »Da wirkliche Einsiedler schwer zu finden waren, mussten die reichen Landbesitzer kreativ werden«, schreibt die britische Journalistin Claire Cock-Starkey.[3] Sie setzten Annoncen in die Zeitung, boten Kost, Logis und bisweilen ein beinahe fürstliches Gehalt. Es entwickelte sich ein kleiner Stellenmarkt für Schmuckeremiten.

Da war etwa der Adlige aus Lancashire, der einem Schmuckeremiten 50 Pfund pro Jahr dafür bot, sieben Jahre in einer unterirdischen Höhle zu verbringen, ohne dass er sich Haare und Nägel schnitt oder

Kontakt zu anderen Menschen aufnahm. Die Einsiedelei bot neben Kost und Logis ein kaltes Bad und eine Zimmerorgel sowie so viele Bücher, wie der Einsiedler lesen wollte. Ein Bewerber hielt es immerhin vier Jahre dort aus.

Einer der berühmtesten Einsiedler seiner Zeit war Father Francis, der in Hawkstone Park in Shropshire in einer Sommer-Einsiedelei residierte. Er saß an einem Tisch, der mit symbolischen Gegenständen dekoriert war, einem Totenkopf, einem Stundenglas und einem Globus, und ließ Besucher an seinen Reflexionen über die Einsamkeit teilhaben. Die Treffen mit ihm waren bei den Besuchern so populär, dass die Hill-Familie, der der Park gehörte, bald einen eigenen Pub eröffnete, *The Hawkstone Arms*, um dem Besucheransturm gerecht zu werden. Es scheint also nicht allzu einsam um ihn geblieben zu sein.

Es gab aber auch Stellengesuche. 1810 erscheint in der Zeitung *Courier* die Anzeige eines jungen Mannes, »der sich aus der Welt zurückziehen und als Eremit in einem angenehmen Plätzchen in England leben möchte« und »bereit« ist, »sich von jedwedem Ehrenmann anheuern zu lassen, der einen Eremiten begehrt«.[4]

Die wahrscheinlich berühmteste Stellenanzeige soll indessen aus der Hand des Adligen Charles Hamilton (1704–1786) stammen, der mit Painshill Park einen Landschaftsgarten anlegte, der bald zum Vorbild zahlreicher Parkanlagen in ganz Europa werden sollte. Seinen Garten zierten eine Kristallgrotte mit echten Wasserfällen, ein römisches Mausoleum sowie neugotische und chinesische Architektur. In einem Wäldchen hatte Hamilton eine Eremitage anlegen lassen.

Das Original existiert nicht mehr, zu sehen ist nur noch ein Nachbau, ein kleines sechseckiges Gebäude, das auf einer abenteuerlichen Holzkonstruktion ruht. Nun fehlte Hamilton nur noch der passende Eremit.

Er schaltet eine Annonce. 700 Guineen wollte er demjenigen zahlen, der es sieben Jahre lang in der Eremitage aushielt, die nur mit einer Bibel, einer Brille, einem Strohsack, einem Stundenglas und einer Fußmatte ausgestattet war. Der Einsiedler sollte das Gelände nicht verlassen und mit keinem Menschen reden, auch nicht mit dem Diener, der ihm das Essen brachte. Er dürfe nur ein wollenes Gewand tragen und sich weder Haare, Bart oder Nägel schneiden. Angesichts des üppigen Gehalts fand sich schnell ein Bewerber, der allerdings bereits drei Wochen später in einer lokalen Bierkneipe dabei gesichtet worden sein soll, wie er sein Gehalt versoff.

Ob es diesen Einsiedler wirklich gegeben hat, ist bei Historikern allerdings umstritten. Viele glauben, dass die Annonce Einbildung damaliger Journalisten gewesen sei.

Spätere Zeitgenossen nahmen die Tradition des Schmuckeremiten nicht mehr ganz so ernst. So unterhielt der Naturalist Gilbert White zwei Einsiedeleien in seinem Garten; eine davon nutzte er zur Unterhaltung von Partygästen. Wann immer diese eintrafen, verkleidete sich sein Bruder als Einsiedler und gab zum Vergnügen der Gäste Rätselhaftes von sich. Der Bruder liebte seine Rolle so sehr, dass er ein Gemälde von sich in Auftrag gab, das ihn als Einsiedler zeigte.

Schmuckeremiten gab es nicht nur in England, sondern auch im deutschen Raum, etwa in Hamburg oder

Hannover. Ab und an findet man in Zeitungen noch immer Stellenangebote für geneigte Einsiedler. Nußdorf am Inn suchte vor nicht allzu langer Zeit einen Einsiedler für den Messedienst Kirchwald. Auch das österreichische Saalfelden suchte 2020 per Annonce einen Bewerber für die Sommer-Einsiedelei, eine Kirche und Klause, die dramatisch am Fels liegt und seit 350 Jahren bewohnt ist.

Jean-Jacques Rousseau, der dem Eremitendasein mit seinem berühmten Essay zu Popularität verhalf, nahm es mit der Einsiedelei selbst übrigens nicht allzu streng. Eine Zeit lang bezog er eine Einsiedelei in den weitläufigen Gärten der Schriftstellerin und Salondame Louise d'Épinay, die, von seinen Schriften inspiriert, ebenfalls der Welt entsagen wollte.

Schon bald gestaltet sich das Unterfangen als recht gesellige Angelegenheit. Louise d'Épinay erhält so oft Besuch von dem Schriftsteller Friedrich Melchior Grimm, dass er fast bei ihr einzieht, schreibt der Historiker Jürgen Overhoff.

Rousseau wiederum lebt mit seiner Geliebten Thérèse zusammen. Dennoch beschreibt er seinen Aufenthaltsort als einsame Wildnis, in der es sich lebt »wie am Ende der Welt«, schreibt Overhoff.[5]

Das wiederum ist eine maßlose Übertreibung, denn Paris ist gerade mal vier Stunden Fußmarsch entfernt. Eine Wanderung, die Rousseau immer mal wieder unternimmt, wenn er etwas zu erledigen hat oder Lust nach der großen Stadt verspürt.

Ein Salon-Einsiedler. Ich persönlich mag ihn nicht dafür verurteilen. Denn ganz ehrlich – klingt genau nach meiner bevorzugten Form der Eremitage.

Nebel

Einst war das Stück Land, auf dem ich aufwuchs, von Moor bedeckt. Doch sie hatten das Land dressiert, das Moor trockengelegt, die Fluren bereinigt, Schilf, Wälder und Gebüsch gerodet, bis die Hasen, Rehe, Füchse und Dachse keinen Unterschlupf mehr fanden. Hatten die Flüsse gestaut und begradigt. Straßen und Verkehrskreisel, Bungalows und Einfamilienhäuser, Industriegebiete und Parkplätze gebaut. Begannen, die Häuser terrakottafarben zu streichen, damit es ein wenig mehr nach Italien aussähe. Hängten im Winter blinkende und singende Weihnachtsdekorationen in die Gärten. Vom Moor war fast nichts mehr zu sehen außer ein paar Sumpfweihern, in denen die Frösche quakten, und der schwarzen Erde. Das Moor schien überwältigt, gezähmt, besiegt, ausgerottet zu sein.

Außer wenn der Nebel kommt. Er kann hier so dicht werden, dass man seinen Arm kaum vor Augen sieht, er umfängt einen, trennt einen von der Außenwelt, trägt einen fort von den Industriegebieten und Umgehungsstraßen, tief in das Moor hinein. In gelbgrünbeige Weite, zu Fröschen, Kröten und Libellen,

Irrlichtern und Moorgeistern. Der Schritt tastet zwischen Treibsand und schmatzendem Schlamm.

Das Moor ist uralt, es birgt viele Geheimnisse. Moorleichen haben sie hier geborgen. Einmal sah ich eine von ihnen im Museum. Eine Frau, die Haut ledrig und schwarz, doch konnte man ihre Gesichtszüge gut erkennen. Der Unterleib war bereits verrottet, in ihrem Mund steckten noch immer ein paar Zähne. Ihr langes rotes Haar wallte so lebendig und frisch, als hätte sie sich nur kurz zum Schlafen gelegt. Eine Vorvorvorfahrin. Ich wollte sie so vieles fragen – wie sie gelebt und weshalb man sie dem Moor geopfert hatte. Doch sie sah mich nur aus leeren Augenhöhlen an.

Der Nebel wird dichter, immer dichter. In der Ferne tanzt ein Licht, scheint einen Weg zu weisen. Kichernd schmatzt der Schlamm. Wenn ich als Kind in den Nebel schaute, wusste ich, dass die Welt nicht entzaubert ist.

Der Markt

Die Stimmen branden auf und ebben ab, jeder singt, so laut er kann, eine Kakofonie der Sonderangebote, eine Dauerschleife der Versprechungen. »Kirschen! Leckere Kirschen, so süß, so süß, so süß!« – »Erdbeeren! Hier die allerbesten Erdbeeren. Lecker, frisch, groß!« – »Avocados, drei Stück zwei Euro. Drei Stück zwei Euro!« Selbst die Preise klingen, mit türkischem Akzent und mediterranem Tremolo gesungen, verheißungsvoll.

Der Markt am Kanal ist ein Feuerwerk der Sensationen, eine angenehme Form der Reizüberflutung. Mit welcher Kunstfertigkeit und Sorgfalt die Marktverkäufer ihre Waren geschichtet, gestapelt, aufgehängt haben: die Apfelsinen und Nektarinen, die Gummibäume und Blumensträuße, die Nagelknipser, Feilen, handgeschöpften Seifen, die Unterhosen und Büstenhalter in Übergröße, die Bindfäden und Knöpfe.

Man geht und staunt über die wundersame Vielfalt der Warenwelt. Die Brocken an Rohmilchkäse, die, teuren Juwelen gleich aufgebahrt und ins perfekte Licht gesetzt, vom Verkäufer mit einer Vorsicht überreicht werden, als lege er ein Neugeborenes in die Arme seiner Mutter. Die Dutzenden Arten Brot, die Vielfalt frischen Fisches, die Pasten und Gewürze, die Nüsse aus aller Welt. Es riecht nach Kardamon und Pfefferminze, nach frischem Kaffee und Joloff Rice, nach Thai Curry, Apfelkuchen und mexikanischen Empanadas.

Und dann sind da die Verkäufer selbst. Die Obstmänner, wettergegerbt wie Cowboys, die weit gereisten Schmuckverkäufer, die jeden Markt von Marrakesch bis Lima abgeklappert haben, die Hipster mit den babypopoglatten Gesichtern, die selbst gemachte Naturkosmetik feilbieten, exklusivste Wirkstoffe, bei Mondschein von Jungfrauen und -männern geerntet.

Da ist die elegante Dame unbestimmbaren Alters mit dem Amy-Winehouse-breiten Lidstrich, die Make-up, Kopftuch, Kleidung in Schwarz-Weiß aufeinander abgestimmt hat. Ihre Stimme ist rauchig, ihre Gesten wirken weltgewandt, man könnte eine mit allen Wassern gewaschene Barfrau am Ufer des Bosporus in ihr vermuten, hier aber regiert sie über ein Imperium aus chinesischem Plastik. Spiegel, Haarspangen, künstliche Fingernägel. Für jeden ihrer Kunden hat sie einen Scherz, eine kleine Lebensweisheit übrig. Allein deshalb kaufe ich ihr eine Haarspange ab, von der ich schon jetzt weiß, dass ich sie niemals tragen werde.

Durch die Gassen wogt Stadtvolk. Verschleierte Frauen und Volltätowierte, afrikanische Mütter und Gruppen schwatzender Franzosen, Teenager, Rentner, Touristen, Arme, Wohlhabende, Liebespaare, die turtelnd ihr Freitagabend-Dinner planen. Musiker spielen auf, Schnorrer ziehen durch Menschenreihen, Bettler warten am Wegesrand.

Was ist ein Supermarkt schon gegen so viel Sinnlichkeit? Allein das schreckliche Licht, in dem traurig abgepacktes Obst auf seine Endbestimmung wartet. Der Stress am Warenband. Nur nicht so lang zum Einpacken brauchen, weil die Leute hinter einem es schrecklich eilig haben, schnellschnell die Karte gezückt, Beeilung, Beeilung, und tschüss, schon schließt sich die automatische Schiebetür, entlässt den Verbraucher auf die traurige Topografie eines deutschen Parkplatzes.

Auf dem Markt hat der Käufer Gelegenheit, mit seiner Nahrung ins Zwiegespräch zu kommen, mit ihr zu flirten, sich von ihr verführen zu lassen. Er liebäugelt mit den Nektarinen, lässt sich vom Duft der Honigmelonen locken, wirft dem Apfelkuchen einen sehnsuchtsvollen Seitenblick zu. Der Appetit wächst beim Flanieren. Wir müssen mal wieder Fisch machen ... Ah, schau dir diesen Käse an ...

Der Markt ist ein Palast der kulinarisch erotischen Verführung. Deshalb hört man in den Gassen so viel Französisch. Wo sonst existieren Läden, in denen Käse präsentiert wird wie teuerstes Geschmeide? Man glaubt sich bei Tiffany's. Jedes Stück Käse ein Kleinod, und das nicht nur in den teuren Etablissements.

Der Markt ist der Inbegriff des langsamen, herausgezögerten Genusses. Happen für Happen für Happen. Die Marktbesucherin probiert ein Stück Käse, um ein anderes zu kaufen. Setzt sich ins benachbarte Café, um das Treiben zu beobachten. Denkt an all die köstlichen Gerichte, deren Zutaten in den Taschen auf den Moment ihrer Zubereitung warten. Diskutiert mit ihrer Begleitung den passenden Wein und welche Freunde man zum Abendessen einladen sollte. Auf dem Rückweg kauft sie noch einen Strauß Blumen. Für die Schönheit.

Im Anschluss wird sie die Zutaten kochen, während sie Musik hört und an einem Glas Weißwein nippt. Wird angeschickert die Tür öffnen, sobald die Freunde klingeln. Und damit beginnt schon ein neues Kapitel der Freude: das Festmahl.

Fische

Einmal ging ich tauchen. Man gab mir eine Taucherflasche und ein Mundstück, sagte mir: »Atme da unten einfach ganz normal weiter.« Doch kaum war ich unten angelangt, Meter unter dem Meeresspiegel, hielt ich das plötzlich für eine sehr dumme Idee. Ich werde sterben, dachte ich. Ich gehöre nicht hierher, mein Element ist die Luft, wie konnte ich verlassen, was ich am dringendsten zum Leben brauche? Es war ein Fehler, ich werde teuer für ihn bezahlen, denn gleich werde ich sterben. So dachte ich, als ich mich ein letztes Mal umsah.

Ein Schwarm silbriger Fische zog vorbei, groß wie eine Wolke. Einen Moment lang blieb er zitternd vor mir stehen, um dann plötzlich weiterzuschießen, Hunderte Lebewesen, die einem einzigen Gedanken zu folgen schienen, perfekt synchronisiert. Meeresgräser wiegten sich in der Strömung vor einem Korallenriff, das in unermessliche Tiefen herabzufallen schien. Eine bunte Klippe, an der sich Hunderte Fische labten, gleich bunten Teilen eines gewaltigen Mobiles, das schwerelos im Wasser zu schweben schien.

In einer Höhle lauerte aus dunklen Augenhöhlen geifernd eine Muräne. Seesterne leuchteten zwischen Steinen, langgliedrige filigrane Krebswesen stakten voran. Flache Fische gruben sich in den Sand ein, um plötzlich wieder vorzustoßen, einen stillen Sandsturm auslösend. Ein Tintenfisch schwamm vorbei, er ließ seine Tentakel unendlich langsam und elegant in der Strömung gleiten, als tanzte er zu einer Musik, die nur er hörte.

Vor mir entfaltete sich in absoluter Stille ein Bild im Bild im Bild, das sich stetig veränderte, ein nie gesehenes Universum, das mich immer tiefer in sich hineinzog. Nie zuvor hatte ich einen derartigen Bruch zu der Realität erlebt, die ich kannte, selten zuvor hatte ich eine Welt entdeckt, die mich so sehr in Bann schlug. Und ich konnte nicht fassen, dass sie immer schon neben, unter der mir bekannten existiert hatte.

Vorsichtig probierte ich meine neu erworbene Schwerelosigkeit aus, ließ mich nach unten sinken, um ein wenig aufzusteigen, trieb ein paar Flossenschläge nach links und nach rechts. Doch zu meinem Erstaunen flüchteten die Fische nicht vor mir, der Angehörigen einer Spezies, die die Ihren totfischte, ihren Lebensraum vermüllte, vergiftete, zerstörte. Auf freundliche gleichgültige Weise nahmen sie mich als ein weiteres rätselhaftes Wesen im Wasser an. Und ich trieb und trieb und trieb, ohne ein Gefühl für Zeit und Raum, denn ich hatte alles um mich herum vergessen. Sogar das Sterben.

Wegschlafen

Alles ist schrecklich da draußen. Es ist anstrengend und höchst kompliziert. Menschen wollen Dinge von mir, die ich nicht tun will. Ich hab mich zu oft geärgert und nichts gesagt. Mein Bauch schmerzt, Kopfschmerzen habe ich auch. Es muss eine Lösung geben, doch ich komme nicht darauf. Ich muss jetzt schlafen. Ich nenne es: therapeutisches Schlafen.

Man schläft so lange man kann und noch viel länger, macht dicht, Schild davor, »Geschlossen«, wickelt sich in den Schlaf ein, zieht sich aus der Welt mit all ihren Zumutungen zurück, flieht in seine Träume. Und sollte man aufwachen und alles weiterhin schrecklich sein, schläft man einfach weiter. Schlafen als Therapie bedeutet: dem Schlaf zu vertrauen, sich dem Unbewussten auszuliefern, denn vielleicht findet es ja, zwischen den Hirngespinsten und Traumgestalten, die es erschafft, eine neue Lösung, einen frischen Ansatz.

Gleich Treibholz erreiche ich das Ufer eines neuen Tages, angeschwemmt von Wellen, Brechern, Meeresströmungen, an die ich mich nur dunkel erinnern kann. Als wäre ich durch einen nächtlichen Ozean getrieben, als hätte mich das Meer in seine Tiefen gezogen, zu Sirenen, Seeungeheuern und Meeresmonstern, und danach wieder an seine Oberfläche gespült.

Ich blinzele mit den Augen, und ja, es sieht aus wie ein neuer Kontinent, an dem mich eine hauchzarte Freude erwartet. Hier ist alles neu. Und schon ein klein wenig besser.

Der alte Friedhof

Mitten in der Stadt liegt der alte Friedhof. Sobald ich eingetreten bin, ist das Zischen, Tosen und Rauschen der Stadt mit einem Mal verstummt. Es ist so still, dass man das Fallen der Blätter hören kann, so leise, dass eine einzelne Vogelstimme laut erscheint. Der Schritt wird automatisch vorsichtiger, tastender, der Atem tiefer, hier herrscht eine andere Zeitrechnung. In Gegenwart der Toten erscheint jede Hektik deplatziert. Hier ist ihr Reich, und ich versuche, ein möglichst unaufdringlicher Gast zu sein.

Große Bäume spenden den Gräbern Schatten. Verwunschen sind die Wege. Nadeln und Zapfen bedecken den unebenen Asphalt. Eichhörnchen verstecken sich im Gras. Ein großer Käfer läuft geschäftig über den Pfad. Je tiefer man in die Anlage geht, desto weniger Angst scheinen die Tiere vor den Menschen zu haben. Eine Amsel hüpft vor mir des Weges. Ein Eichhörnchen springt ganz nah heran, mustert mich, hüpft dann auf einen Grabstein, eine Nuss zwischen seinen Pfoten verdrückend.

Im hinteren Teil des Friedhofs, dort, wo sich die

Natur langsam das Terrain zurückerobert, stehen die alten Gräber. Bäume wachsen auf stolzen Grabanlagen, ihre Wurzeln bohren sich ins Mauerwerk. Efeu überrankt verwitterte Grabsteine, deren Inschriften man kaum mehr lesen kann. Ich versuche, sie zu entziffern. Namen, die ich selten oder nie gehört habe. Romo, Mar, Leopoldine, Nepomuk. Man gedenkt einer geborenen Freiin von der Goltz, geboren 1831, einem »Medizinalrat, Meister der Chirurgie«, geboren am 1. Februar 1872 in Königsberg. Einem Superintendenten, geboren 1849, der als »treuer Pfarrer und unvergesslicher Seelsorger« gegenwärtig bleiben soll, einer Frau »Königlicher Hoflieferant Sophie Hefter«, die 1885 »als liebende Gattin und Beratherin ihres Mannes im schönsten Frauenalter nach 32jähriger glücklicher Ehe« verstarb.

Auch im Jenseits herrscht noch die Hierarchie, denn die Namen der Bettler, Schuster, Wäscherinnen jener Zeit sind längst ausgelöscht, ihre Gräber eingeebnet, dort, wo sie gelegen hatten, ruhen längst die nächsten Toten.

Was für Leben haben sie wohl geführt, mit Berufen, die es so nicht mehr gibt, in einem Land, das so nicht mehr existiert? Stolz sich an Regeln und eine Moral haltend, die heute keinen mehr interessieren. Ja, die uns heute bisweilen höchst unmoralisch erscheinen. Wie viele von ihnen haben wohl für den Ruhm der Nachgeborenen gelebt, also für uns? Und wer von uns erinnert sich an sie? Wie viele Dramen, Zärtlichkeiten, Leidenschaften und Kämpfe haben in diesen Gräbern geendet? Wie viele Geheimnisse haben die Toten mit sich ins Grab genommen? Wie viele von denen, die dort liegen, sind wohl satt vom Tisch des Lebens aufgestanden?

Unerwartete Besucher ziehen des Weges. Spaziergänger. Zwei Frauen, die sich, Papierkaffeebecher in der Hand, über das politische Dauerdrama Österreichs unterhalten. Ein junger Vater, der, sein Baby in einer Trage wiegend, unaufhörlich telefoniert. Ein einsam Rauchender. Ein Bagger rollt heran, frische Erde auf der Schaufel, ein Friedhof ist auch eine ewige Baustelle.

Auf dem Grab einer Familie, allesamt um 1910 verstorben, stehen frische Grabkerzen. Bisweilen ist da eine berührende Zärtlichkeit, mit der die Lebenden für ihre längst Verstorbenen sorgen. Ja, es liegt eine eigentümliche Schönheit über diesem Ort.

Die Glocke läutet, eine Prozession geht gesenkten Kopfes den Weg entlang, irgendwo dahinten wurde ein frisches Grab ausgehoben. Ich gehe schnell an ihnen vorbei, will nicht stören. Noch gehöre ich nicht hierher, denke ich, während ich durch das Friedhofstor trete, mitten ins summende Stadtleben hinein.

Ich denke an den *Brandner Kasper*. Ein bayerisches Theaterstück, das auf einer 1871 erschienenen Erzählung Franz von Kobells beruht. Der Sensenmann klopft an die Tür des Brandner Kaspers, seine Stunde hat geschlagen. Der Brandner Kasper aber will noch nicht gehen. Es gelingt ihm, den Tod in ein Kartenspiel zu verwickeln. Gewinnt er, darf er noch ein wenig weiterleben. Und tatsächlich, der Tod verliert.

Ich liebe diese Geschichte, die wunderbarerweise davon ausgeht, dass auch der Tod nur eine Gestalt ist, der ihr Job bisweilen fad wird und die gerne mal

Karten spielt. Letztlich beschreibt die Geschichte ein sehr bayerisches Lebensgefühl, das auch der Monaco Franze in Helmut Dietls gleichnamiger Serie gern bemüht: »A bissl was geht immer.«

Oder besser, denke ich, während ich leichtfüßiger als zuvor die Straße heruntergehe: »A bissl was geht hier noch.«

Amateur sein

Das Wort »Amateur« ruft in vielen Menschen Grauen hervor. Man erinnert sich an den Auftritt der Amateur-Flötengruppe, denkt an den Geigenspieler im ersten Stock, der allabendlich mit seinem Instrument kämpft, entsinnt sich seiner eigenen verzweifelten Annäherung an ein Hobby, das man liebend gern ausgeübt hätte, für das einem aber leider jegliches Talent fehlte.

Für mich ist der Amateur eine Figur der Größe. Er tut das, was er tut, aus edlen Motiven, aus Liebe und der Lust an der Spielerei. Die Amateurin lässt sich nicht von nagendem Perfektionismus abhalten, strukturiert ihre wertvolle Zeit nicht allein nach utilitaristischen Motiven, kultiviert Leidenschaften, die ihr wahrscheinlich weder Ruhm noch ein Vermögen einbringen werden.

Und gibt es nicht so viele wunderbare Dinge, mit denen man seine Zeit verplempern kann? Man könnte Tomaten züchten, ein Baumhaus bauen, Schnaps brennen, Kimchi fermentieren, jonglieren oder zaubern lernen. Rollschuh fahren, Scratchen üben, Comics zeichnen oder sich in der Kunst schulen, Figuren aus Milchschaum auf einen perfekt gebrauten Kaffee zu malen. Man könnte Türkisch oder Japanisch lernen, Möbel entwerfen, Pralinen zubereiten, Hühner halten oder mal wieder Pilze sammeln gehen.

Wenn ich auf der Suche nach einer philosophischen Untermauerung von Aktivitäten bin, die nach rein utilitaristischen Erwägungen nutzlos sind, werde ich meist bei den chinesischen Daoisten fündig, die ohnehin meine größte Sympathie genießen. So auch hier. Einmal besuchte ich ein daoistisches Kloster unweit der alten Kaiserstadt Xian, dessen Mönche mir besonders fröhlich erschienen. Jeder hier suche das Dao, den Weg, auf seine Weise, erklärte mir der Klostervorsteher, ein Künstler. Die einen malten, die anderen kochten, wieder andere praktizierten Tai-Chi-Chuan. Auch sei der gelegentliche Konsum von Alkohol der Suche nach dem Dao durchaus zuträglich, versicherte der Klostervorsteher. Hätte ich in diesem Moment nicht andere Lebenspläne gehabt, ich wäre umgehend ins Kloster eingetreten.

Der von mir äußerst geschätzte chinesische Philosoph Lin Yutang erklärte, er liebe Amateure auf jedem Feld. Ich möchte ihm gerne zustimmen, wenngleich ich Zahnärzte, Piloten oder Hebammen gern von der Liste gestrichen sehen möchte. Den Amateur, schreibt Lin, zeichne der Geist des Spielens aus – wie aber habe der Mensch überhaupt erst den Aufstieg zur Zivilisation vollbracht?

»Die Antwort liegt in der spielerischen Neugier, in seinen ersten Versuchen, mit seinen Händen herumzufummeln und alles von innen nach außen zu stülpen, so wie ein Affe in seinen freien Momenten das Augenlid oder das Ohr eines anderen Affen untersucht, um nach Läusen oder überhaupt gar nichts zu suchen.«[1]

Doch Lin Yutang schrieb nicht nur selbst über die Vorzüge des Amateurdaseins, er übersetzte auch Werke des großen Schriftstellers Li Yu, der unter Chinas Intellektuellen als besonders schillernder Amateur gilt. Er lebte von 1610 bis 1680, einer Zeit des Übergangs von der Ming- zur Qing-Dynastie, die sich dem Amateur besonders zugetan zeigte.

Wie jeder anständige Intellektuelle seiner Zeit versuchte sich auch Li an der kaiserlichen Beamtenprüfung und scheiterte – zum Glück für die Nachwelt. Stattdessen verdingte er sich als Schriftsteller, Dramaturg, Schauspieler, Produzent und Regisseur, der mit seiner eigenen Schaustellertruppe die Lande bereiste, die auf den Namen »Fehler, die durch einen Drachen erzeugt werden« hörte – gemeint war damit nicht das Feuer speiende Wesen, sondern der Drachen an einer Schnur. Seine Biografen nennen ihn einen »schreibenden Entrepreneur« oder »den versatilsten und unternehmerischsten Schriftsteller seiner Zeit«.[2]

Li war nicht nur ein innovativer Schriftsteller, er widmete sich auch der Architektur, Kalligrafie, dem Zeichnen, Gartenbau und zahlreichen weiteren Lebenskünsten. Unter seinen Werken finden sich so dadaistisch anmutende Titel wie *Wie man trotz des Reichtums glücklich ist*, aber auch *Wie man trotz der Armut glücklich ist* sowie *Die Kunst des Schlafens, Gehens, Sitzens und Stehens*. Sein Hauptwerk *Notizen des Müßiggangs* vereint mehrere Hundert Essays, die sich Themen wie der Auswahl der idealen Konkubine, dem Design von Balustraden oder Granatapfelbäumen widmen. Berühmt wurde auch sein Buch *Andachtsmatten aus Fleisch*, eine Moralgeschichte mit komischen Elementen, die auch explizit sexuelle Darstellungen, darunter auch homosexuelle, enthält.

Als ich einmal den berühmten chinesischen Architekten und Pritzker-Preisträger Wang Shu traf, erklärte er mir, dass Li Yu sein großes Vorbild sei. Er wolle nicht nur Architekt, sondern vor allem Amateur sein, »alles andere wäre viel zu langweilig«. Das Studio, das er gemeinsam mit seiner Frau Lu Wenyu gegründet hat, heißt auch »Amateur Architecture Studio«.

Nun beißt sich das Amateurdasein, das ja ein Minimum an Müßiggang erfordert, mit den stets ausufernderen Ansprüchen der Lohnarbeit. Der Arbeitnehmer hat seinen Job als allerfüllende Mission zu begreifen, und zwar auch dann, wenn er nachts um 22 Uhr E-Mails des Kundendiensts beantwortet.

Ebendieses Problem (neben vielen anderen) versucht der Franzose Charles Fourier, der oft als utopischster Utopist gefeiert wird, zu lösen. Fourier wird 1772 als Sohn eines wohlhabenden Tuchhändlers geboren. Er verspürt wenig Lust auf seine Ausbildung als Kaufmann, wird allerdings nach Jahren als Soldat Handlungsreisender. Nebenbei entwickelt er seine Utopie. Fourier ist der Erste, der die Leidenschaften zu einer zentralen Säule seines utopischen Projekts macht.

Der Mensch habe seiner Ansicht nach genug Zeit damit verplempert, sich gegen seine eigene Natur zu stellen, seine Triebe und Lüste zu verleugnen. Stattdessen solle er sich von seinen Leidenschaften leiten lassen. Sie bilden den Motor, die Grundlage einer neuen Gesellschaft. Fourier sieht sich als Nachfolger des Mathematikers und Physikers Isaac Newton, nur dass er statt der Gesetze der Physik die der leidenschaftlichen Anziehung erkunden will. Er nennt dies »soziale Physik«. Fourier fordert nicht nur die Frauenbefreiung und die freie Liebe (er selbst ist lesbischen Frauen zugetan), sondern bereits damals ein bedingungsloses Grundeinkommen.

Im Jahr 1808 konkretisiert Fourier seine Vorstellungen in der Utopie des Phalanstère. Es handelt sich dabei um ein weitläufiges Gebäude, in dem etwa dreihundert Haushalte wohnen, die aus ganz unterschiedlichen Schichten stammen. Sie leben, lieben und arbeiten gemeinsam. Fourier wünscht sich eine Gesellschaft, in der Arbeit, Freizeit und Libertinage harmonisch ineinander übergehen, eine neue Gesellschaft, die sich auf der Befreiung der Leidenschaft gründet und den Triumph des sinnlichen Vergnügens proklamiert.

Fortan soll es keine Klassen mehr geben, die besondere Lasten tragen. Vielmehr folgt der Mensch bei seiner Arbeit dem, was Fourier den »Schmetterling« nennt, den menschlichen Flattertrieb, der danach strebe, die Arbeit alle zwei Stunden zu wechseln. So bleibe die Arbeit immer ein Vergnügen. Am Vormittag arbeitet er etwa in einer Werkstatt, am Nachmittag in einer Küche. Mal geht er fischen, am nächsten Tag bestellt er das Feld. Jeder sucht sich Betätigungen, die seinen oder ihren Neigungen entsprechen. »Der Sanftmütige pflegt kranke Kinder, starke Frauen werden Schmiedinnen, der leidenschaftliche Schmutzfink geht zur Müllabfuhr, und Kinder, die gerne mit Fäkalien spielen, finden in Fouriers utopischer Genossenschaft als Rohrreiniger ein adäquates Beschäftigungsfeld«, so heißt es in einem Radiobeitrag über Fourier.[3] Die gemeinsam geschaffenen Früchte der Arbeit, die auf Feldern und in Werkstätten produziert werden, sollen egalitär und kooperativ verteilt werden.

Fourier weiß, wie er sein Projekt verkaufen muss, und so widmet er lange Passagen seines Schreibens der Gastronomie. Das Essen im Phalanstère ist ein Genuss, wobei auch hier wieder die unterschiedlichsten Geschmäcker befriedigt werden sollen – wie auch in der Liebe. Die Abende sind der Kunst, dem Theater, den Opern und Feiern vorbehalten. Das sexuelle Plaisir lockt permanent. Wobei sich jeder ganz nach seiner Fasson ausleben soll. Der graue Alltag ist verbannt, der Tag folgt den individuellen Leidenschaften. Die Liebe zu Gott soll mit der Liebe zum Vergnügen verbunden werden. Niemand soll aus Not zur Arbeit gezwungen werden. Alle leben im Wohlstand, wobei das Immer-weiter, Immer-höher des Kapitalismus vermieden werden soll, Fourier ist erklärter Antikapitalist und gibt sich dabei leider auch ausgiebig antisemitischen Ausführungen hin, sind für ihn Juden doch Treiber der von ihm verhassten Spekulation.

Dabei ist Fourier kein Kommunist, ja er hofft bei der Umsetzung seiner Utopie auf Investoren. Per Zeitungsinserat sucht er einen reichen Philanthropen. Dieser, so heißt es in der Annonce, könne ihn jeden Mittag um zwölf Uhr in den Gärten des Palais Royal in Paris antreffen. Volle elf Jahre lang, vom Jahr 1826 bis zu seinem Tod im Jahr 1837, sah man Fourier täglich in den Gärten spazieren gehen, unbeirrt auf einen Finanzier wartend, der doch niemals eintreffen sollte.

Feuer

Die kleine Hütte verbarg sich im Wald zwischen Baumriesen, von Lianen und Efeu überwuchert. Morgens schrien die Affen, abends zirpten die Grillen. Von der Terrasse aus beobachteten wir Vögel, die wir nie zuvor gesehen hatten. Die Hütte stand auf Stelzen, ein paar Bäume wuchsen direkt durch die Mauern hindurch, bildeten einen Teil der Inneneinrichtung. In den kalten Nächten spendete ein Kaminofen Wärme, der von einer Glasscheibe geschützt war.

Als wir das erste Mal das Feuer entfachten, war unser müder kleiner Sohn plötzlich wie ausgewechselt. Es war, als hätte man ihn angeschaltet. Nie zuvor hatte er Feuer gesehen. Er saß stundenlang vor dem Kamin, ohne das Feuer auch nur ein Mal aus den Augen zu lassen, vollkommen gebannt. Er machte erstaunte Babylaute und wedelte mit seinen Babyarmen auf und ab wie ein kleiner Dirigent. Knisterten die Zweige, griffen die Flammen leckend nach dem Holz, wedelte er immer aufgeregter. Er quiekte, lachte, kicherte, geriet in einen Zustand vollständiger Euphorie. Seine Glückseligkeit hielt mehrere Abende an. Nie hatte ich ihn faszinierter gesehen als in diesen Nächten.

Ich versuchte zu sehen, was er sah, und mit einem Mal verstand ich, dass er die Welt so betrachtete, wie sie verdiente angesehen zu werden: mit unendlichem Staunen, völliger Konzentration. Alle Sinne gespannt. Wie unendlich anziehend, furchterregend und wunderbar musste die Welt einem erscheinen, der sie noch nie gesehen hatte?

Und mit einem Mal wurde ich traurig, dass ich all diese Sensationen vergessen hatte: den ersten Regen auf meiner Haut, das erste Mal im Gras laufen, den ersten Marienkäfer, der über meine Hand lief.

Freude ist, so scheint mir, die Fähigkeit der Seele zur ungeteilten staunenden Wahrnehmung. Das Talent, die Welt zu sehen, als wäre sie frisch und neu.

Neulich hatte ich eine Begegnung, die mich noch lange danach beschäftigte. Ich traf Hamed Ouattara, einen Künstler aus Burkina Faso. Kaum war ich in sein Atelier getreten, fühlte ich mich, als wäre ich in einen sprudelnden Gebirgsfluss gestiegen. Er war auf eine Art wach, wie ich sie selten zuvor bei einem erwachsenen Menschen beobachtet habe. Präsent. Als wäre er im Besitz seiner Energie.

Ouattara ist ein baumlanger Kerl, der seine Haare zu Minidreads gedreht hat, er wirkt zwanzig Jahre jünger als seine fünfzig. Er stand in seinem Studio zwischen den Möbeln, die er aus Recyclingmaterial fertigte, und seinen Bildern. Wir sprachen über dies und das, er ist ein vielseitig interessierter Mensch, schreibt zum Beispiel Artikel über Informationstechnologie und Cryptocurrency. Während des Gesprächs fragte ich mich, woher er seine Energie bezog, wie er sie kultivierte. Dann erwähnte Ouattara, dass der Staat kürzlich die traditionellen Religionen anerkannt habe. Wie viele andere habe auch er, der eigentlich muslimisch aufgewachsen war, sich ihnen zugewandt.

Seinem Fetisch hat er mitten in seinem Atelier liebevoll einen Altar eingerichtet. »Einige Menschen sehen in einem Fetisch etwas Dämonisches«, sagte Ouattara, »doch es handelt sich nur um Energie. Unsere Religion ist äußerst pragmatisch. Der Praktizierende konzentriert seine Energie auf einen Fetisch, der sie fokussiert und kristallisiert. Das ist wie eine Batterie.«

Die Fähigkeit, seine Energie zu fokussieren, sagt Ouattara, sei nichts anderes als Lebensfreude. »Eine Mango mit Hingabe riechen und schmecken zu können, sich in ihrem Geschmack zu verlieren, bedeutet, das Leben wirklich wahrzunehmen.« Diese Energie zu verlieren, sagte er, sei das Schmerzhafteste, was einem Menschen passieren könne. Und ebenso schmerzhaft sei es, zu versuchen, sie zurückzugewinnen. Er wirkte wie einer, der wusste, wovon er sprach.

Was er sagte, erschien mir nachvollziehbar. Offenbar hatte er für sich einen Weg gefunden, mit dieser Energie in Kontakt zu treten. Und es gibt wahrscheinlich Tausende Wege, dies zu tun. Der eine surft, der andere betet, die Nächste meditiert oder hat Sex. Ich glaube, ich habe lange nach etwas gesucht, von dem ich nicht wirklich wusste, was es war. Vielleicht waren es auch mehrere Dinge zugleich, ganz sicher aber gehörte dazu diese Energie, die ich immer mal wieder fand und dann verlor.

Als ich meinen Sohn vor dem Feuer sitzen sah, verstand ich, dass sie die ganze Zeit da gewesen war. Und dass der Weg dorthin im Grunde sehr einfach ist: unendliches Staunen. Nur ein Streichholz entfernt.

Der Strand

Wenn Dakar in den Sommermonaten so heiß wird, dass man nachts im Bett aneinandergeschlungen zusammenklebt. Wenn ein Spaziergang zur schweißtreibenden Übung wird und alle, die des Weges kommen, einem ein »Heute ist es sooo heiß« entgegenseufzen. Wenn man selbst im Schatten sitzend meint zu zerschmelzen. Dann gibt es nur noch eine Zuflucht: den Strand.

Glücklicherweise gibt es nicht nur einen, sondern Dutzende, denn Dakar liegt auf einer Halbinsel und ist auf drei Seiten vom Meer umgeben. Auf der einen Seite rollen die Wellen sanft an den Sand, an den anderen tost der Atlantik gegen die Küste. Jeder Strand hat seinen eigenen Charakter. Es gibt die Strände der Fischer, der Surfer, der Taucher, der Fußballer, der Musiker und Künstler, der Sportler, der Schafe, der Gläubigen, der Faulen, der Grillenden, der Kinder und der Verliebten. Da sind einsame Strände und jener, an dem in den Sommermonaten ein kilometerlanger Jahrmarkt tobt.

Die halbe Stadt versammelt sich hier im Sommer.

Sie sitzen, gehen, liegen, stehen, dicht an dicht, knabbern geröstete Cashewnüsse oder Samosas, trinken mit Guinea-Pfeffer gewürzten Kaffee oder eiskalten Hibiskussaft; setzen eine Tasse Ataya nach der anderen auf, grünen pappsüßen Tee, den man so lange von einem Glas ins andere gießt, bis sich dicker Schaum auf der Oberfläche bildet. Strandverkäufer schlängeln sich durch die Menge und bieten mit unermüdlicher Beharrlichkeit ihre Waren feil: Bikinis, selbst gemachte Schuhe, Handtücher, *binbins* (bunte Perlenketten, die sich die Damen zu Zwecken der Verführung um die Hüfte schlingen), Devotionalien muslimischer senegalesischer Heiliger.

Ein Spektakel reiht sich hier ans nächste. Da sind die Akrobaten, baumlange muskulöse Kerle, die vor staunendem Publikum ihre Saltos, doppelten Flickflacks und Schrauben darbieten. Jedes Kunststück wird vom Publikum mit einem andächtigen »Ahhhh« begleitet. Da sind die Kämpfer, die den Ringkampf trainieren, die *lutte sénégalaise*, die hier Nationalsport ist.

Die Wettkämpfe in der Arena ziehen Massen an, sie sind ein gigantisches Spektakel mit Musik und Magie. Jeder Ringer hat nicht nur seine Trainer im Schlepptau, sondern auch sein *équipe mystique*, sein Team an Zauberern, die ihn vor Publikum auf den großen Auftritt vorbereiten. Sie schütten ihm literweise Zaubertrank über den Kopf, vollführen magische Rituale, richten seine *gris-gris*, magische Lederbänder, an Oberarmen und Oberschenkeln zurecht, während sie argwöhnisch die mystischen Rituale des Gegnerteams verfolgen.

Jetzt aber trainieren die Ringer nur im Sand. Sie umkreisen sich, vorsichtig die Stärke und Klugheit des Gegners taxierend, um dann ganz plötzlich anzugreifen. Sie packen sich an Hüften und Seiten, versuchen, sich gegenseitig in den Sand zu werfen. Verkeilen sich ineinander, Arm an Oberschenkel, Kopf an Schulter, Haut an Haut, Schweiß an Schweiß, sie keuchen, stöhnen, keinem gelingt es, den anderen wegzudrücken. Plötzlich macht der Kleinere einen Ausfallschritt und wirft seinen Gegner überraschend in den Sand.

Nebenan ringen Kinder und Jugendliche – nach Alter und Gewichtsklasse geordnet – um die Wette. Angefeuert von einem Moderator in muslimisch langer Robe und Kappe, dessen Stimme sich immer weiter in die Höhe schraubt. Das Publikum johlt und schreit, um die Kämpfenden hat sich ein großer Kreis gebildet. Der Moderator überreicht den Gewinnern feierlich zwei Packungen Kekse.

Weiter hinten trainieren die Fußballer, deren Interessen bisweilen mit denen der Hundebesitzer kollidieren, die stolz mit ihren riesenhaften Tieren am Strand flanieren. Sorgenvoll beäugt von den Eltern, die zum ersten Mal ihren quietschenden Nachwuchs ins Meer dippen. Gazellen stolzieren vorbei, so nennt man hier die schlanken jungen Mädchen. Zwei von ihnen präsentieren so kunstvoll ihre aufwendig in Szene gesetzten Kurven, als wäre der Strand ein roter Teppich. Sie lassen die Perücken im Winde wehen, rollen die ausladenden Hüften in hautengen Jeans, spreizen die perfekt manikürten Fingernägel und tun, als würden sie die von allen Seiten hingehauchten Komplimente einfach überhören. Jogger schlängeln sich durch die

Menschenmenge. Gläubige rollen mitten im Gewühl ihre Gebetsteppiche aus und beginnen, in aller Ruhe zu beten.

Cliquen Jugendlicher werfen sich ins Meer, tanzen, flirten, lachen, streiten, genießen den Moment fernab der wachsamen Blicke der Großfamilien, die sich im Sand niedergelassen haben. Onkel dösen, Tanten packen Berge von Proviant aus, Eltern schauen, einen kurzen Moment der Ruhe genießend, versonnen aufs Meer. Baye Fall, so nennt man die Anhänger einer muslimischen Bruderschaft, die mit ihren dicken Ketten, weiten bunten Gewändern und Dreadlocks aussehen wie Rastafaris, betteln mit riesigen Kalebassen um ein Almosen. Surfer mustern die Wellen, um sich dann mit ihren Brettern ins Meer zu werfen. Umringt von Kindern, die sich gern zu ihnen aufs Brett stellen wollen, denn wenn einer da oben draufpasst, dann doch bitte auch zwei oder drei?

Beachvolleyballerinnen schmeißen sich kunstvoll in den Sand. Männer finden sich in Sportlergruppen zusammen – joggen, springen, machen Liegestütze und Sit-ups, kriechen in der Hocke durch den Sand, lassen ihre Muskelberge in der Sonne glänzen. Nebenan trainiert ein Physiotherapeut mit seiner Rehagruppe. Seine Patienten hat er im Sand eingebuddelt, nun wirft er ihnen Bälle zu.

Eine Frau will jetzt mit ihrem Mann das perfekte Bild in den Wellen machen. Alles ist bereit. Rote Perücke, der Lippenstift sitzt perfekt, die Wimpern sind in unendliche Längen glasiert. Klickklickklick, sie lächelt, doch mal ist die Welle zu klein, dann springt ein Kind ins Bild. Sie versuchen es wieder und wieder. Endlich rollt die perfekte Welle heran, groß und rund, sie macht sich bereit, lächelt in dem Moment, in dem sie bricht. Doch die Welle schlägt über Aphrodite herein, reißt ihr die Perücke weg. Und wie sie da steht, lachend mit klatschnassem Haar, ist sie einfach perfekt.

Auf ins Wasser. Vorbei an hundert Beinen, Schenkeln, Knien. Eintauchen, schwimmen, weiter und weiter hinaus. Lege mich auf den Rücken und lasse mich von den Wellen wiegen. Die Menge ist jetzt nur noch ein bunter Strich am Strand, ihr Lärmen ein Murmeln geworden. Kleine silbrige Fischschwärme springen aus dem Wasser und gleiten wieder hinein. Pirogen, bunte Fischerboote aus Holz, ziehen vorüber.

Dahinter nichts als Meer.

Anmerkungen

Tanz und Spiel

1 Philippe Ariès, *Geschichte der Kindheit*, Hanser Verlag, München 1975/dtv, München, 12. Auflage 1998, S. 139
2 Ebenda, S. 140
3 Ebenda, S. 155
4 Ebenda, S. 157
5 Ebenda, S. 161
6 Ebenda
7 Ebenda, S. 173

Über die Freude

1 https://www.youtube.com/watch?v=h-rRgpPbR5w
2 Siehe auch Stefan Klein, *Die Glücksformel. Oder wie die guten Gefühle entstehen*, Fischer Verlag, Frankfurt am Main 2012
3 Philip Brickman, Dan Coates, Ronnie Janoff-Bulman, »Lottery winners and accident victims. Is happiness relative?«, *Journal of Personality and Social Psychology*, 36(8), 1978, S. 917–927
4 Sonja Lyubomirsky, Heidi S. Lepper, »A Measure of Subjective Happiness: Preliminary Reliability and Construct Validation«, *Social Indicators Research*, 46, Februar 1999, S. 137–155

5 David Lykken, Auke Tellegen, »Happiness Is a Stochastic Phenomenon«, *Psychological Science*, Mai 1996

6 Siehe auch Norman Doidge, *The Brain that Changes Itself*, Penguin Books, London 2008

7 https://www.youtube.com/watch?v=jpuDyGgIeho

8 Antwort von Prof. Gerhard Roth, Institut für Hirnforschung, Universität Bremen, auf die Leserinnenfrage »Was passiert im Gehirn, wenn wir glücklich sind?«, 16.08.2014

9 James Old, Peter Milner, »Positive reinforcement produced by electrical stimulation of septal area and other regions of rat brain«, *Journal of Comparative and Physiological Psychology*, 47(6), 1954, S. 419–427

10 Dian Land, »Study shows compassion meditation changes the brain«, *University of Wisconsin-Madison News*, März 2008
Richard J. Davidson, Antoine Lutz, »Buddha's Brain: Neuroplasticity and Meditation«, *IEEE Signal Process Mag*, 25(1), Januar 2008, S. 176–174
Antoine Lutz, Lawrence L. Greischar et al., »Long-term meditators self-induce high-amplitude gamma synchrony during mental practice«, *PNAS*, 16.11.2004, S. 16369–16373
https://www.ted.com/talks/richard_j_davidson_how_mindfulness_changes_the_emotional_life_of_our_brains_jan_2019?language=en
https://www.youtube.com/watch?v=8fIeI6sfX6E

11 Vidya S. Athota, *The role of moral emotions in happiness*, University of Queensland 2018/2019

12 Michael W. Kraus, Stéphane Côté, Dacher Keltner, »Social Class, Contextualism, and Empathic Accuracy«, *Psychological Science*, November 2010, S. 1716–1723
Michael W. Kraus, Paul K. Piff, Dacher Keltner, »Social Class as Culture: The Convergence of Resources and Rank in the Social Realm«, *Current Directions in Psychological Science*, August 2011
Paul Kayhan Piff, *On Wealth and Wrongdoing: How Social Class Influences Unethical Behavior*, UC Berkeley 2012

13 https://www.youtube.com/watch?v=Z7dFDHzV36g

Leopold Helmut Otto Roth, Anton-Rupert Laireter, »Factor Structure of the »Top Ten« Positive Emotions of Barbara Fredrickson«, *Frontiers in Psychology*, Mai 2021

Pflanzen

1 Kakuzo Okakura, *Das Buch vom Tee*, Insel Verlag 2016/ Nikol Verlag, Hamburg 2020, S. 60

Moos

1 Gian Carlo Calza, *Japan Style*, Phaidon, London 2007, S. 141

Flanieren

1 Walter Benjamin, *Das Passagen-Werk*, Suhrkamp Verlag, Frankfurt am Main 1982, S. 525
2 Walter Benjamin, *Städtebilder*, Suhrkamp Verlag, Frankfurt am Main 1992, S. 77
3 Walter Benjamin, *Das Passagen-Werk*, Suhrkamp Verlag, Frankfurt am Main 1982, S. 532
4 Ulrike Moser, »Gesichter der Großstadt«, *Geo Epoche*, 12, »Deutschland um 1900«, S. 158
5 Ebenda, S. 159
6 Ebenda, S. 159
7 Jens Bisky, *Berlin*, Rowohlt Berlin, Berlin 2019, S. 270
8 Ulrike Moser, »Gesichter der Großstadt«, *Geo Epoche*, 12, »Deutschland um 1900«, S. 158
9 Ebenda, S. 159
10 Laban Carrick Hill, *Harlem Stomp!*, Little, Brown, New York 2004, S. 87; eigene Übersetzung

Feuertopf

1 Lin Yutang, *The Importance of Living*, Reynal & Hitchcock, New York 1937, S. 249 f.; eigene Übersetzung
2 Ebenda, S. 47

Unterwegs

1 Nicolas Bouvier, *Skorpionfisch*, Lenos Verlag, Basel 2011, S. 13
2 Michel de Montaigne, *Von der Kunst, das Leben zu lieben*, Die Andere Bibliothek, Berlin 2005, S. 95
3 Patrick Leigh Fermor, *Die Zeit der Gaben*, Fischer Verlag, Frankfurt am Main 2007, S. 69
4 Ailsa Ross, »The Victorian Gentlewoman Who Documented 900 Plant Species«, *Atlas Obscura*, April 2015; eigene Übersetzung
5 Alexandra David-Neel, *Voyage d'une Parisienne à Lhassa*, Paris 1964, S. 125; eigene Übersetzung
6 Nicolas Bouvier, *The Way of the World*, Eland, London 2007, S. 45; eigene Übersetzung
7 Ebenda, S. 47
8 Ebenda, S. 206
9 Ebenda, S. 144

Von der Kunst des Herumliegens und Träumens

1 Dschuang Dsi, *Das wahre Buch vom südlichen Blütenland*, übersetzt von Richard Wilhelm, Eugen Diederichs Verlag, München 1998
2 Stefan Klein, *Träume. Eine Reise in unsere innere Wirklichkeit*, Fischer Verlag, Frankfurt am Main 2004, S. 22
3 Zitiert nach Stefan Klein, ebenda, S. 18
4 Ebenda, S. 41
5 Ebenda, S. 41
6 Zitiert nach Stefan Klein, ebenda, S. 81

7 Ebenda, S. 77
8 Ebenda, S. 78
9 Ebenda, S. 79
10 Zitiert nach Stefan Klein, ebenda, S. 78
11 Zitiert nach Stefan Klein, ebenda, S. 87
12 Zitiert nach Stefan Klein, ebenda, S. 151
13 Ebenda, S. 46
14 Lin Yutang, *The Importance of Living*, S. 41; eigene Übersetzung

Der Flop

1 Zitiert nach Stefan Klein, *Träume. Eine Reise in unsere innere Wirklichkeit*, Fischer Verlag, Frankfurt am Main 2004, S. 176
2 Ebenda, S. 177

Tee

1 James A. Benn, *Tea in China. A Religious and Cultural History*, University of Hawaii Press, Honolulu 2015, S. 14, zitiert nach Stefan Klein, *Träume. Eine Reise in unsere innere Wirklichkeit*, Fischer Verlag, Frankfurt am Main 2004; eigene Übersetzung
2 Samuel Johnson, »Review of a Journal of Eight Days Journey«, *The Works of Samuel Johnson, LL. D.*, Cambridge 2011, S. 261
3 Alexander Puschkin zitiert nach Keith Souter, *The Tea Cyclopedia: A Celebration of the World's Favorite Drink*, London 2013, S. 96
4 Fjodor Dostojewskij, *Aufzeichnungen aus dem Kellerloch*, Fischer Verlag, Frankfurt am Main 2011, S. 150
5 Mick Jagger, Keith Richard, Songtext von *Live With Me*, 1969
6 James A. Benn, *Tea in China. A Religious and Cultural History*, University of Hawaii Press, Honolulu 2015, S. 17, zitiert

nach Stefan Klein, *Träume. Eine Reise in unsere innere Wirklichkeit*, Fischer Verlag, Frankfurt am Main 2004; eigene Übersetzung

7 Ebenda, S. 2

8 Kakuzo Okakura, *Das Buch vom Tee*, Insel Verlag, Berlin 2016/Nikol Verlag, Hamburg 2020, S. 5

9 Ebenda, S. 6

10 Ebenda, S. 75

11 Maria Popova, »How to Make the Perfect Cup of Tea: George Orwell's 11 Golden Rules«, *The Marginalian*, 14.05.2013

12 Ebenda

13 Sarah Rose, *For All the Tea in China*, Penguin Random House, London 2009, S. 1

14 Thomas Jefferson »Summary of Public Service nach dem 2. Sept. 1800«, *TJ Paper*, Bd. 32, S. 124, zitiert nach Andrea Wulf, *Alexander von Humboldt und die Erfindung der Natur*, C. Bertelsmann Verlag, München 2016

15 Die Podcast-Serie zum Nachhören findet sich unter www.plumvillage.org/podcasts/the-way-out-is-in.

Die Kunst des Sitzens

1 Lin Yutang, *The Importance of Living*, S. 69; eigene Übersetzung

Die neue Stadt

1 Italo Calvino, *Invisible Cities*, Vintage, Random House eBooks, London 1997, S. 8; eigene Übersetzung

2 Ebenda, S. 51

3 Ebenda, S. 66

4 Ebenda, S. 126

5 Ebenda, S. 74

Am Pool

1 Miranda July, *Zehn Wahrheiten*, Diogenes Verlag, Zürich 2008, S. 24

Eremitage

1 Zitiert nach Patrick Spät, »Schmuckeremiten – die lebendigen Gartenzwerge«, *Telepolis*, 15.05.2016
2 Ebenda
3 Claire Cock-Starkey, »The Strange, Short-Lived British Trend of Hiring Ornamental Hermits«, *Mental Floss*, 15.05.2017
4 Patrick Spät, »Schmuckeremiten – die lebendigen Gartenzwerge«, *Telepolis*, 15.05.2016
5 »Rousseau im Lockdown. Wie der französische Aufklärer einmal beschloss, der Gesellschaft zu entsagen und stattdessen als Eremit zu leben«, *Süddeutsche Zeitung online*, 4.07.2021

Amateur sein

1 Lin Yutang, *The Importance of Living*, S. 66; eigene Übersetzung
2 Chung-shu Chang Shelley Hsueh-lun Chang, *Crisis and Transformation in Seventeenth-Century China: Society, Culture, and Modernity in Li Yü's World*, University of Michigan Press, 1992, S 60–71
3 Rolf Cantzen, »Charles Fourier – Der Utopischste aller Utopisten«, SWR 2, 24.04.2020

Dank

Dank an Thomas und Ibou für alles. Genauso wie an meine Eltern und meinen Bruder.

Dank an die Familie, an Maike für Lachen und Abenteuer, an Franz für Hütten- und Gerzauber, an Wangna für Klöster und Eremitenbesuche, an Khadjiatou, Codou, die Familie Sene, Makhete, Bineta, Eva, Valentina, Matt, Julia, Issa, Anja, Helen, Antoine für eine großartige Zeit in Dakar, an Stefanie für Tibet und zischende Hot-Pot-Runden mit Christina, an Jule fürs genüsslich müßige Sitzen, an Catriona für die schwangere Auster, an Jakob und Elsa für die Eisschollenwanderung, an Christian für die gemeinsamen Abenteuer, an Qichao für all die Chengduness, an Jinjan für Hunderte Teerunden und die versteckten Restaurants Tainans, an Yvonne für Nairobi, an die tollste Hochzeitsgesellschaft aller Zeiten für ein rauschendes Fest, an Elena für stundenlange Gespräche, an Sam für tausend Ideen, an Eike fürs Singen im Auto, an Charlotte für die Psychologentipps, an Tina für die Neurowissenschaftstipps, an Ruth für die Zeit im Sand, an Janka für die Teesessions zwischendurch, an Petra für die Comtesse, an Mireille für ihren Esprit, an Kathrin Liedtke und Anja Melzig für die wunderbar einfühlsame Betreuung dieses Buches. Dank an so viele andere, deren Witz, Charme, Freude und Klugheit in dieses Buch einflossen. Ihr seid wunderbar.

Angela Köckritz, geboren in München, studierte Politik, Sinologie und Kunstgeschichte in Berlin, München und Taiwan. Sie arbeitete zunächst bei der *Süddeutschen Zeitung*, dann bei der *Zeit*. Seit 2011 war sie vier Jahre Peking-Korrespondentin der *Zeit*, später zweieinhalb Jahre Afrika-Korrespondentin in Dakar, Senegal. 2015 erschien ihr erstes Buch *Wolkenläufer. Geschichten vom Leben in China*. Für ihre journalistische Arbeit wurde sie mehrfach ausgezeichnet. Heute lebt sie mit ihrer Familie als freie Autorin in Berlin.